JN046237

BOOK OF SPELLS

Original content reproduced or translated from BOOK OF SPELLS, a publication by Future Publishing Limited, a Future plc group company, UK 2021. Future Publishing Limited owns or licenses the mark.

Japanese translation rights arranged with Future Publishing Limited, Bath, through Tuttle-Mori Agency, Inc., Tokyo

This Japanese edition was produced and published in Japan in 2023
by Graphic-sha Publishing Co., Ltd.
1-14-17 Kudankita, Chiyodaku,
Tokyo 102-0073, Japan

光の呪術史

ビジュアルと
歴史から学ぶ
世界の呪術

Future Publishing 編
ダコスタ吉村花子 訳

g

WELCOME

呪術の世界へ
ようこそ

呪術の力を手に入れたいと思ったことがある人は多いだろう。呪術は超自然の神秘的な奥義だが、しっかりと学んで真剣に取り組めば、マスターして実践することができる。そのためには、第一にその歴史――太古における呪術の信仰や文書、何世紀もかけて実践されて、発展してきた呪術理論――に目を向ける必要がある。本書では、いくつかの世界最古の呪術文書やそれらの扱われ方、呪術に必要な材料のそろえ方や、呪術に力を与える図像や祝祭を学び、実際に挑戦してみる。といっても、呪文をいきなり唱えるのではなく、まずは呪術の歴史と理論に目を向けてみよう。すべてにおいて言えることだが、呪術も学べば学ぶほど、実践すればするほど、腕があがる。あせりは禁物だ。本書の後半には、実践できる呪術を呪術ノートとして紹介している。メモできるようになっているので、結果と共に呪術を実践した時の日時、星座、月相などを記録すれば、それらの影響のほども確かめられるだろう。あなたの呪術の経験はあなただけのもの。呪術で何を達成できるかはあなた次第だ。

Contents

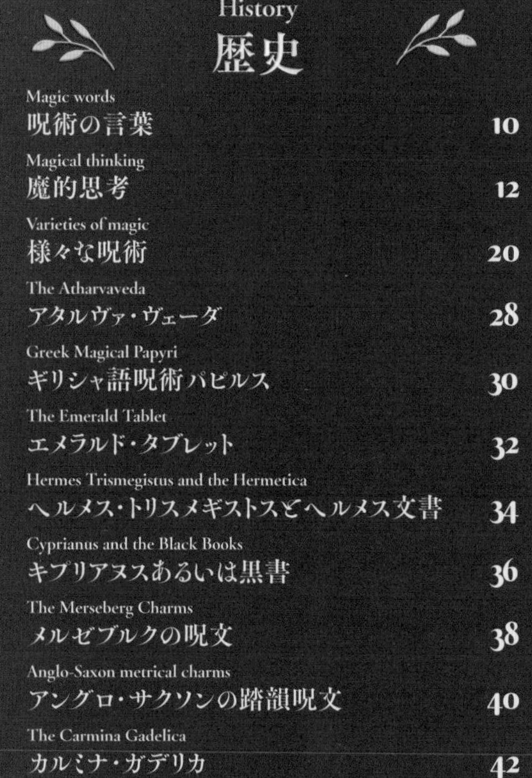

History 歴史

Theory 理論

IGNIS
Acutus·Tenuis, ac Mobilis
AQVA
Crassa·Mobilis·et Obtusa·
TERRA
Crassa·Obtusa·et Immobilis
Gloria in Excelsis Deo
Deo benedicere

Practise
実践

History

歴史

10
34
40
38

魔女、魔術師、フェアリーは呪術の達人。彼らはその力を駆使して魔法や呪いをかけ、願いを成就する。

中東古代末期の呪鉢。護身呪術のひとつで、悪霊を捕らえるために、内側に呪文が渦巻き状に記されて上下逆さまに埋められていた。

MAGIC WORDS
呪術の言葉

「呪文には様々な形があり、願いをかなえたり、魔的な変容を引き起こしたり、競争相手の運命を左右したりすることさえできる」

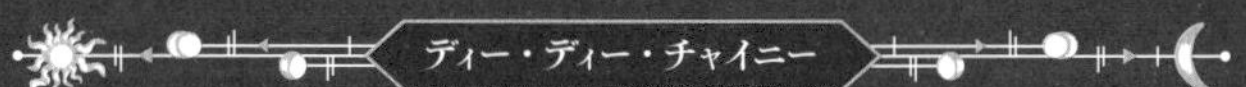

ディー・ディー・チャイニー

言葉には周囲の世界を変える力が備わっていると信じる人は少なくないが、すべての言葉がそうした力をもっているわけではない。呪文は呪術の文言で、特殊な抑揚をつけて発音する。英語で呪文を意味する「インカンテーション」の語源は、ラテン語の「incantare（歌う、魅惑する）」。「enchant（魅了する、呪術をかける）」も同様だ。呪文はたいてい儀式や祭式などの特殊な場面で用いられ、その神聖かつ魔的な性格が表現される。詩、歌、旋律の形式を取り、唱える人の意思に明確で魔的な力を付し、モノや人間にさえ力を及ぼす。

言葉を口にすること自体が儀式的行為であり、世界各地の宗教的儀式で、神聖なる行為とされることも少なくない。ある言葉を口にするだけで、唱えた人も同席者も、日常の圏外へと押し出され、魔的な心理状態に入る準備が整う。すると疑心が晴れて、言葉自体に力が備わっているとの確信が生まれる。呪文はコミュニケーション手段ではなく秘密であり、非日常的言語や逆さ言葉など、意味のない言葉でなくてはならない。多くの場合、魔的な言葉はこれを用いるグループの生活や習慣をよく知る者にのみ、何らかの意味をもち、彼らはこれを用いて、思いのままに仲間を作ったり排除したりする。魔的な言葉は、これを理解するという意味でも、ねらった相手に影響を及ぼすという意味でも、「力」そのものなのだ。呪術師は「ホーカス・ポーカス」と唱えて呪術を締めくくる。3世紀のローマの護符には「アブラカダブラ」と記され、この護符を身につけていればマラリアが治ると信じられていた。

民話やおとぎ話では、呪文が護符などの役割を果たし、宗教では、瞑想中に変性意識状態を引き起こすマントラ（繰り返される聖なる音、音節、言葉）も呪文のひとつと考えられる。

祈りも呪文の一種になりうる。祈りはたいてい神や祖先の栄光をたたえ、感謝し、助けを求めるために唱えられる。その昔、キリスト教の修道僧は守護を願って、「ロリカ」という祈祷を唱えた。騎士も兜や甲冑にこの祈祷を刻み、戦いに赴く前に守護を願って唱えていた。「ロリカ」という言葉自体、「甲冑」「胸当て」を意味する。バイキングやアングロ・サクソン人は、治療に呪文を用いた。なかでも最も有名なもののひとつが、古代ノルウェーの神バルドルの馬の脱臼を治し、敵の大軍から逃れるためのメルゼブルクの呪文だ。古代ローマでは敵に害を及ぼしたり、大切な人の治癒を願ったり、健康や豊作を祈ったりするためにカルメン（詩）を唱えていた。

『カルミナ・ガデリカ（*The Carmina Gadelica*）』は19世紀スコットランドで収集された旋律、呪文集

メルゼブルクの呪文を唱えるヴォーダン。「骨の脱臼、血の脱臼、関節の脱臼には、骨は骨へ、血は血へ、関節は関節へ。それらがつなぎあわされるように」。

世にも有名なアリ・ババは、40人の盗人が呪文「開けゴマ」を唱えて望みをかなえ、秘密の洞穴の扉を開けるのを目にした。

MAGICAL THINKING

魔的思考

「呪術にはれっきとした長い歴史があり、何世紀にもわたって宗教や科学と結びつき、深く影響し、現在でも人々と共鳴している」

エイプリル・マッデン

呪術の長い歴史

原始儀式
旧石器時代
人々は獲物となる動物や祖先の贖罪の儀式に関する知識をもとに、芸術作品を作りあげた。奇妙な人間動物を描いた絵もあり、のちにシャーマン像として理論化される。

転機1
ピラミッド計画
紀元前 2686 - 2181 年頃
エジプト古王国のピラミッド文書は、現存する世界最古の呪術文書。もともと古代エジプトの宗教、とりわけ来世と再生の神オシリス信仰と結びついており、死者の魂がアーク（死者があらゆる形態を取り、生者の世界を訪れることができる魂の形）になる魔的な過程を叙述している。アークの状態に到達するにはいくつかの条件をクリアせねばならない。魂は真実の女神マアトの審判に合格せねばならず、そのままの体で墓に埋葬されねばならない。

転機2
マギの王
紀元前5世紀
ペルシャ帝国の国教はゾロアスター教。中東、地中海、インドやアフリカや中国の一部など帝国領地には、マギと呼ばれる神官がいた。このマギ像も当時のもの（拝火神殿の聖なる炎が自分の息で汚されないようベールをまとっている）。マギは有力な政治家であり、天候を左右したり、夢占いをしたり、占星術で未来を予言したりできると信じられていた。古代ギリシャ人は神秘の力をもつ彼らの名を取って呪術を「マジック」と呼び、現在に至っている。

北方呪術
紀元前5世紀
鉄器時代後期、スカンディナヴィアの人々は２種類の呪術を使っていた。ひとつはセイズ（一種の予言）、もうひとつはガルドル（呪術）、すなわち歌ったり、声を出して呪文を唱えたりすることだ。こうした文化は北欧とロシアに広く影響を及ぼすことになる。

ドルイドの知
紀元前4世紀
ヨーロッパ大陸やブリテン諸島のケルト文化の記録には、政治的指導者ドルイドへの言及がある。彼らは伝承を守り、立法し、政治的助言を与え、呪術を使い、病気やけがを治癒していた。ギリシャの学者は彼らの哲学とピタゴラスの哲学とを比較した。

キリスト教の勃興
1世紀
キリスト教の初期文書では、呪術師シモン・マグスらが行っていた呪術が悪魔的なものとして退けられた。こうした概念はキリスト教圏全体に普及し、何世紀にもわたって続いた。

化学者の信仰
3世紀
早くも紀元前4世紀からギリシャ、エジプトの人々は金属や鉱物の特質や植物の抽出術を研究し、３世紀までにこれを哲学として完全に体系化して新たな思考法を確立した。

呪術を信じる人は多くない。けれども信じたことのある人なら、少なくないだろう。信じない人は、呪術などばかげている、『ハリー・ポッター』のような日常生活の平凡な現実の裏に隠れた世界などないと断言する。だが実際のところ、呪術の理論や実践には長くれっきとした歴史があり、信じようと信じまいと、その過程で生まれた哲学や技術の進歩がなければ、21世紀の世界は合理主義的かつ科学的な現在とは異なった様相を呈していたはずだ。

社会学者はしばしば、呪術をキーとなるふたつの事柄と結びつけて考える。すなわち宗教と科学で、私たちもこのふたつの事物を足がかりに、周囲の世界を理解している。宗教は、神というプリズムと、聖職者が信者たちに課す掟を通じて実在の神秘を説明しようとする一方、科学は直接的物質世界を詳細に研究し、個人では到底歯の立たないような個々の事物を学識として理論化することで、神秘を説明しようとする。

呪術はこのふたつの中間にある。現代の呪術師なら、呪術には深い信仰心と賢明な厳密さが必要とされると主張するだろう。実際、現代の多くの呪術師がウィッカ〔ネオペイガニズム（復興異教主義）の一派〕などの異教を信仰しているが、何世紀も前に生きた信者あるいは無宗教の人は、現代の私たちが科学を利用するように呪術を利用していた。彼らは呪術を通して自然現象の意味を説明、予測し、動植物の特質を理解し、病気やけがを癒すために医学や技術を発達させ、数々の素晴らしいものを作り出した。しかし多くの人は、呪術にはそれ以上の何か、呪術を宗教や科学とは別の概念たらしめる何かがあると考えている。現代のオカルト主義者アレイスター・クロウリーは、いみじくも呪術は「意思と一致して起こる変化を誘発する科学であり技巧だ」と定義した。何かを起こしたいがために行動すれば、実際に起こる。これが彼の定義する呪術であり、人間が何世紀にもわたって実践してきたことだ。

化学、天文学など多くの科学分野の根底には古代の呪術概念が横たわっている

「呪術は科学と宗教の中間にある」

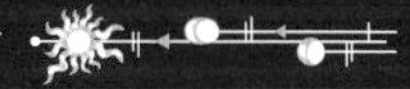

魔女の季節
1580 - 1780 年頃

ヨーロッパやアメリカでは、悪魔的な呪術をめぐり大規模なヒステリー現象が勃発した。（主にプロテスタント教徒の）魔女狩り人は、女性や低層階級の男性、特に農村部で治療行為に従事していたカニングフォーク〔p25〕を標的にした。

一方で、裕福な有力者はねらわれにくく、彼らが取り組んだ錬金術研究はのちの近代科学につながることになる。

植民地に対する先入観
17 世紀 - 18 世紀

西ヨーロッパは世界各地を植民地化し、ヨーロッパを含む各地域の前キリスト教時代の文化、宗教、呪術伝統を容赦なく断罪した。いずれも弾圧され、残された記録は不完全かつ不正確な世迷言として片づけられた。

転機 4
ニューエイジ
1950 年代 - 現代

1951 年にイギリスで妖術禁止令が廃止されると、西欧世界には魔的思考の新たな波が起きた。儀式呪術を中心とするウィッカは多くの人を惹きつけ、そのほかの多くの異教的でスピリチュアルな潮流が起こった。タロット占いが人気となり、正統派の新聞や雑誌にも占星術が掲載されるようになる。高まる一方のオカルトへの興味は、より広範な社会の流れの一現象であり、人々は人生をコントロールしている感覚を必要とするとの分析や、こうした興味は伝統的宗教への不満、ファンタジー小説、コミック、テレビ番組、映画の人気の高まりに起因するとの論が唱えられた。

転機 3
ヨーロッパに錬金術がもたらされる
12 世紀

ギリシャ・エジプト人が打ち立てた錬金術はアラブの学者たちに受容され、「アル・キミヤ」と名づけられた。その後イスラム圏スペイン経由でヨーロッパにもたらされ、聖書をヒントに呪術を探究していた科学志向の聖職者や貴族層の学者たちは熱心に研究した。神秘的な賢者の石や、卑金属を貴金属に変質させるという概念を追求する錬金術は、中世後期およびルネサンス社会に影響を及ぼした。ただ実際のところ、こうした概念は錬金術師自身の人的かつ霊的成長の隠喩（メタファー）であった可能性も否めない。ヨーロッパの著名な錬金術師としては、エリザベス1世宮廷の呪術師ジョン・ディーが挙げられる。錬金術の概念は衰えることなく、オカルトの復興にも影響した。

オカルトの復興
19 世紀後半

ヴィクトリア朝後期の因習にとらわれない知識人たちは、スピリチュアリズム（心霊主義）、前キリスト教時代の宗教研究やサイキック（心霊）パワーへの興味を募らせ、錬金術、古代の異教神学、わずかに残っていた民間呪術伝統の研究に取りかかった。

呪術の戦い
1939 - 45 年

上層部がオカルトにとりつかれたナチスドイツの爆撃や侵略からイギリスを守るため、ダイアン・フォーチュンのような儀式呪術の実践者や、ジェラルド・ガードナーのようなウィッカ実践者が儀式を挙げた。

古代、ペルシャ帝国首都ペルセポリスはゾロアスター教の中心地でもあった。「呪術（マジック）」の語は、神官を指す「マギ」にさかのぼる。

RITES OF THE ANCIENT MAGES

古代の呪術師の儀式

呪術の概念は先史時代の文化から成長を遂げ、誕生しつつあった文明へと入り込んでいった。

石器時代の人々が残した芸術品や工芸品は、呪術の概念を表すごく初期の印だ。こうしたモノを作り出した何千年前もの古代人の心の内をうかがわせる文書は存在しないが、当時の背景をもとにその使い方や意味を推しはかることはできる。

中期から後期旧石器時代（8万‐4万年前）にかけて、狩猟採集をしながら暮らしていた人々は、多くの既存の技術を発展させると同時に新技術も発明した。芸術の創作にも取りかかり、その作品は彼らの思考を知る手がかりともなっている。狩猟動物を描いた洞窟の壁画は、いつどの動物を狩るかについての情報（ベテランの狩猟者から若者に口頭で伝えられた）を記録したものとも、動物信仰の証拠とも考えられる。動物信仰では狩猟前に、儀式の一環として描かれた絵に獲物の魂が宿り、これによって狩人は動物を狩り、殺すことができると信じられていた。また狩人の一団が獲物の死後に壁画を描くことには、その命を永遠のものとし、犠牲に敬意を払うという意味もあった。いくつかの壁画には、半分人間、半分動物の奇妙な生きものが描かれていて、シャーマンと自然界との関係をうかがわせる。

古代の人々は、神々や精霊などだけでなく、祖先の墓にも供えものをしていたが、これが発展して死と黄泉にまつわる宗教儀式が出現した。その最も代表的な例が古代エジプトの信仰システムで、現在知られている最古の宗教文書もエジプトで出土した。ピラミッド文書が宗教書だとされるのは、これが文書化された神学の一角をなしているためだが、呪文も含まれているため、呪術文書と呼ぶ方が適切かもしれない。特に墓の壁に刻まれた文章には、死者が自らの遺体を守り、あの世へ行くための手順が記されている。

古代、宗教と呪術は密接に結びついていた。その傾向がどこよりも強かったのがペルシャだ。未曽有の規模を誇ったペルシャ帝国は、ヨーロッパからアフリカ、インドまでの地を治め、その言語や文化は現在に至るまで大きな影響を及ぼしている。アケメネス朝時代、国教であるゾロアスター教の神官層が勢力を伸ばし、「マグ（magu）」と呼ば

「ヘロドトスは、マグが（中略）『風に呪術をかけて』嵐を静めたと述べている」

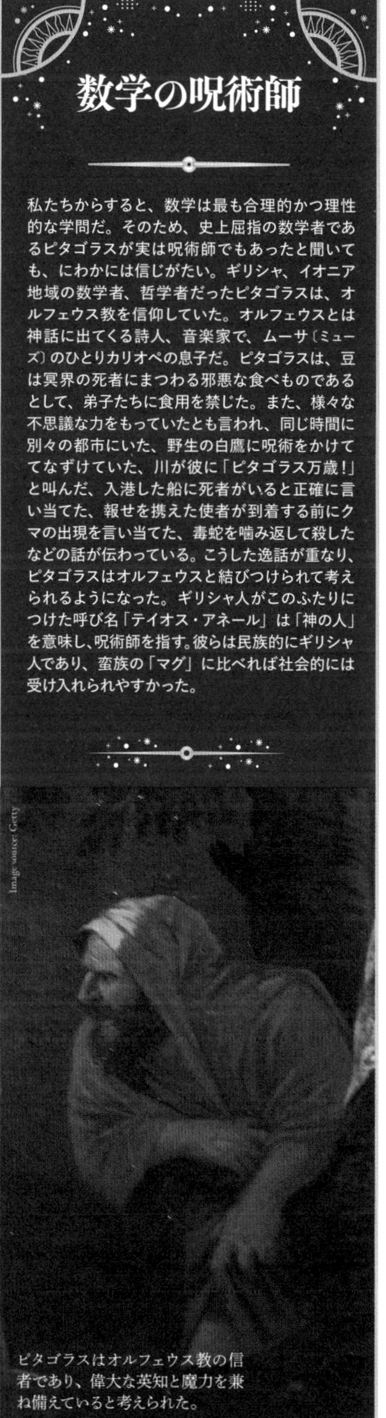

数学の呪術師

私たちからすると、数学は最も合理的かつ理性的な学問だ。そのため、史上屈指の数学者であるピタゴラスが実は呪術師でもあったと聞いても、にわかには信じがたい。ギリシャ、イオニア地域の数学者、哲学者だったピタゴラスは、オルフェウス教を信仰していた。オルフェウスとは神話に出てくる詩人、音楽家で、ムーサ〔ミューズ〕のひとりカリオペの息子だ。ピタゴラスは、豆は冥界の死者にまつわる邪悪な食べものであるとして、弟子たちに食用を禁じた。また、様々な不思議な力をもっていたとも言われ、同じ時間に別々の都市にいた、野生の白鷹に呪術をかけてなずけていた、川が彼に「ピタゴラス万歳！」と叫んだ、入港した船に死者がいると正確に言い当てた、報せを携えた使者が到着する前にクマの出現を言い当てた、毒蛇を噛み返して殺したなどの話が伝わっている。こうした逸話が重なり、ピタゴラスはオルフェウスと結びつけられて考えられるようになった。ギリシャ人がこのふたりにつけた呼び名「テイオス・アネール」は「神の人」を意味し、呪術師を指す。彼らは民族的にギリシャ人であり、蛮族の「マグ」に比べれば社会的には受け入れられやすかった。

Image source: Getty

ピタゴラスはオルフェウス教の信者であり、偉大な英知と魔力を兼ね備えていると考えられた。

れた。これはインド・ヨーロッパ祖語で「能力のある」を意味する「マグ（magh)」に由来し、「マグス（maguš)」は「何か」をする能力のある者を指す。

ギリシャの歴史家ヘロドトスは、マグ（あるいはマギ）は王に助言し、儀式を挙げ、夢占いをすると述べている。天文学を学んでいた彼らは、月食や日食、流星雨を予測する能力があった。拝火神殿と呼ばれる聖所では、聖なる炎がまるで意思をもったかのように絶え間なく燃え（実際には、たいてい巧みな技術や自然ガス排出の産物)、神官たちは王権と人心をしっかりと掌握し、その神秘的な力の名声は国外にまで広がっていた。『歴史』第七巻でヘロドトスは、マグが先祖の霊と海の女神に捧げものをし、「風に呪術をかけて」嵐を静めたと述べている。

「マグ」の語は各地に広がり、ギリシャでは magos、magoi、magiea、magike、アラビア語では majūs、上古中国語では myag、ラテン語では magicae、そして英語では magic の語が派生した。キリストの誕生にまつわる話では、東方の三博士（マギ）が星に導かれて赤子イエスを訪れ、黄金、没薬、乳香の贈りものを捧げたとある。

後世において「マギ」の語は、聖書にまつわるポジティブな響きを帯びることになるが、古代ペルシャ帝国圏において「マグス」には侮辱的な響きがあり、ギリシャ語では「ペテン師」、ペルシャ征服後のアラビア語では「イスラム教を信じない者」、特に「シルク貿易のためにビザンツ帝国経由で北の果てからやってくる人々」を指していた。イスラム教徒であるアラブ人にとってこうした北方人は、彼らが征服したペルシャ人や神官同様、不信心者、異教徒であり、そのため、彼らをゾロアスター教徒を指す「アル・マジュース（al-Majūs)」と呼んだ。この北方人とは現代でいうバイキングだ。

バイキング自身は「呪術（マジック)」という言葉を使ってはいなかっただろうが、呪術についての明確な概念はもっていた。彼らはこれを「fjölkyngi」すなわち「大いなる知恵」と呼んで、体系化した。セイズ（Seiðr）と呼ばれる呪術は女性が行っていた（男性が行う場合は「エルギ［Ergi]」と呼ばれたが、タブー視されていた)。セイズの語源はインド・ヨーロッパ祖語で「縛る」を意味する Sehi で、女性たちは糸巻き棒のような杖を持っており、実際にこれを用いて糸を紡ぐように護符を紡いでいた。糸と時間、運命の間には比喩的なつながりがあり、彼女たちには予言の力もあった。もうひとつの呪術は、呪文を意味するガルドル（galdr）で、インド・ヨーロッパ祖語の「歌う」を語源とする。男性も女性もリズムにあわせて呪文を唱え、ガルドルを実践していた。「呪術」を指す「エンチャントメント」は、もともと「歌う」を意味していたが、文字通り彼らは歌っていた。ルーン文字のフサルク〔いわゆるアルファベット〕を綴ることも呪文のひとつであり、文字自体に魔力があると考えられていた。

ペルシャは文明と交易の中心地であり、その呪術も世界中に広まった

古代末期、呪術はすでに伝説の一部と化しており、人々は儀式、道具、言葉、歌を通して、呪術をもとに自然界の元素や星を理解し、過去、現在、未来を知り、命や死さえも操れると信じていた。世界各地で、知恵と力をもち、神秘に通じた人々が呪術を行っていたことを考えれば、のちに彼らが深刻な脅威と見なされるようになったのも不思議ではない。

現代の呪術師のステレオタイプ的イメージは、ペルシャの民間伝承の叙述にさかのぼる。

FEAR OF A BLACK MAGIC

黒魔術の恐怖

中世の魔女は、迷信深い西洋では恐怖の的であり、東洋では深遠な知恵の持ち主とされた。

古代と理性の時代に挟まれた時期、呪術は黄金期を迎えた。中世及び近世初期、呪術が恐怖を引き起こし、ヨーロッパやアメリカで数万人もの人が魔術の容疑で迫害されたことを考えると、「黄金期」という言葉は奇異に聞こえるかもしれない。だがその恐怖自体、呪術の実在と力が広く根強く信じられていたことの印でもある。

西洋における魔術や魔術師への恐怖は、半ば忘れられたギリシャ・ローマ思想の名残であり、こうした思想の上に確立した哲学的イデオロギーやキリスト教が熱心に奉じられた。ギリシャ・ローマではいかさまと見なされていた呪術師は、中世になると、独裁色を増す教会のルールや神の戒めに従わない偶像崇拝者と考えられるようになる。呪術はひそかに実践されるようになり、バイキングでさえキリスト教に改宗した。中世の小説には魔法を操る人物が登場するが、人間離れした悪霊に従っている。謎めいた呪術師マーリンは半分悪魔とされ、メリュジーヌやモーガン・ル・フェイのような知恵と力をもつ女王にはフェアリーの血が流れていると信じられた。

意外なことに、東洋では事情は違っていた。アラビアの民間伝承に登場する超自然的なジンは魔的存在と考えられるが、食べたり、寝たり、家族と住んでいるとされ、人間社会に似た集まりを形成し、様々な宗教に取り込まれた。こうした存在に内在する魔的性格は大して問題視されず、腐肉を好む性質にもかかわらず、人間離れした悪魔的な力は失われていた。そのほかの感覚的存在同様、彼らの力を適切に利用するには、訓練を通した学びと向上が必要とされた。イスラム黄金期のアラブ人学者は、呪術の分野に入る実践的原理をアカデミックな研究に値するテーマとして捉えた。特に「アル・キミヤ」科学、すなわち「エジプト科学」「黒（肥沃を意味すると同時にエジプト的）世界の変質」「金と銀の変質」「黒粉の調合」は意義深い探求テーマだった。

アドリアーン・ファン・オスターデ《錬金術師》（部分）1661年。中世、ヨーロッパの人々は魔術を恐れたが、中東では錬金術などが熱心に研究され、12世紀にヨーロッパに持ち込まれた。

「1144年2月11日、
ヨーロッパに錬金術がもたらされた」

13世紀イランの蒸留器。3世紀の錬金術師クレオパトラ〔プトレマイオス朝女王とは別の人物〕が発明したとされる。

紀元前4世紀のギリシャ圏エジプトにさかのぼる錬金術は、古代エジプトの科学と呪文、古代ギリシャの哲学的、技術的偉業の中間に位置する。初期の男女の呪術師は、啓典の宗教〔ユダヤ教、キリスト教、イスラム教〕のほか、様々な異教を信仰し、染料や薬を調合し、冶金学や鉱物の性質を研究した。錬金術（アルケミー）は昔から科学と深いつながりがあり、現代の化学（ケミストリー）の語源でもある。錬金術師たちは文化のるつぼの中で活動していた。知性と好奇心を兼ね備えた教養ある錬金術師たちは、ピタゴラス主義、プラトン主義、ストア主義、グノーシス主義などの主要なギリシャ哲学を学び、これを知恵、科学、哲学、宗教、呪術を司るエジプトの神、「三重に偉大なる」トートの概念と結びつけた。天動説を信じるギリシャ人は独自の解釈（ギリシャ的解釈）を通じ、トートをギリシャ神話における同等の神ヘルメスと融合させてヘルメス・トリスメギストスを生み出した。650年代の錬金術は化学というよりも、意思と儀式がもたらす変容の力を理解するための手がかり、すなわち宇宙の秘密を探るための神秘的手段だった。鉛から金銀への理論的変容、賢者の石の力は、人間的、霊的、魔的成長の隠喩であると考えられた。これらは隠された力のカギであり、訓練を受け、符号化された適切な式文に通じた呪術師だけが使いこなすことができた。現在でも、「ヘルメス的」という語には「かたく閉じられた」「到達不可能な」という意味がある。ヘルメス的錬金術はインドにまで影響を及ぼし、中国では変化を遂げて金属研究よりも医学に焦点が当てられ、さらに火薬の発明へとつながった。

1144年2月11日、イベリア半島でアラブ文化を研究していたイングランド人チェスターのロバートによりヨーロッパに錬金術がもたらされた。以降、錬金術に関するおびただしい書物が、イスラム圏アンダルシアからスペインのキリスト教圏へと流れ込み、ラテン語に翻訳され、北方に普及した。高名な神学者は合理主義やアリストテレス哲学を高く評価したものの、迷信に凝りかたまった中世ヨーロッパ人の意識にこうした思考はほとんど浸透しなかった。中世ヨーロッパで錬金術を科学的に研究した著名人としては、アルベルトゥス・マグヌス、トマス・アクィナス、ロジャー・ベーコンが挙げられる。いずれも高位聖職者ではあるが、中世の人々からは呪術師あるいは妖術師と見なされた。ベーコンなどは、話したり質問に答えたりできる頭部ブロンズ像を彫っていると噂されたほどだ。

3世紀、ローマ皇帝ディオクレティアヌスの命令により、多くの初期呪術文書が燃やされた

中世から近世初期へと時代が進むにつれ、こうした高位の錬金術師たちと、治療したり薬を調合したり、愛の呪術をかけたり、呪いを防いだりしていたカニングフォークとは区別されるようになる。

近世初期の魔女狩りでは何万人もの命が犠牲にされたが、その多くは呪術をかけることはおろか、自分の名前さえ書けなかった。しかしジョン・ディーとその後継者などの高位の錬金術師にとって、呪術は自然哲学探究の延長線上にあった。ルネサンス時代のマギア・ナチュラリス（自然呪術）の概念には、錬金術、占星術、薬草学、それらから派生した科学、すなわち化学、天文学、植物学が含まれる。いずれも研究対象は、自然界と、自然界に生気を吹き込み影響を及ぼすとされる力であり、悪魔にそそのかされて逸脱し絞首刑に処されたヨーロッパやアメリカの魔女の力とは似ても似つかない知識を探求する、学術的かつ有意義な運動だ。この時代、深遠で神秘的な力を操る自然呪術師たちは、扉の向こうに隠れて（ヘルメス的）ひっそりと活動を続けた。理性が勢いを増した時代、彼らが何の活動もしなかったなどとは考えがたい。

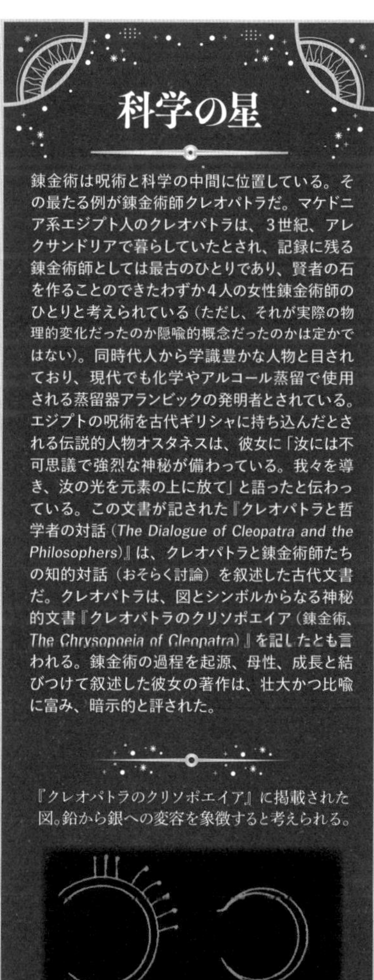

科学の星

錬金術は呪術と科学の中間に位置している。その最たる例が錬金術師クレオパトラだ。マケドニア系エジプト人のクレオパトラは、3世紀、アレクサンドリアで暮らしていたとされ、記録に残る錬金術師としては最古のひとりであり、賢者の石を作ることのできたわずか4人の女性錬金術師のひとりと考えられている（ただし、それが実際の物理的変化だったのか隠喩的概念だったのかは定かではない）。同時代人から学識豊かな人物と目されており、現代でも化学やアルコール蒸留で使用される蒸留器アランビックの発明者とされている。エジプトの呪術を古代ギリシャに持ち込んだとされる伝説的人物オスタネスは、彼女に「汝には不可思議で強烈な神秘が備わっている。我々を導き、汝の光を元素の上に放て」と語ったと伝わっている。この文書が記された『クレオパトラと哲学者の対話（*The Dialogue of Cleopatra and the Philosophers*）』は、クレオパトラと錬金術師たちの知的対話（おそらく討論）を叙述した古代文書だ。クレオパトラは、図とシンボルからなる神秘的文書『クレオパトラのクリソポエイア（錬金術、*The Chrysopoeia of Cleopatra*）』を記したとも言われる。錬金術の過程を起源、母性、成長と結びつけて叙述した彼女の著作は、壮大かつ比喩に富み、暗示的と評された。

『クレオパトラのクリソポエイア』に掲載された図。鉛から銀への変容を象徴すると考えられる。

DISENCHANTMENT AND A NEW AGE
呪術の消滅と新世代

理性の時代、呪術の影は薄くなったが、再び発見される日をひそかに待ち続けた。

理性の時代〔主に18世紀の啓蒙思想に代表される、理性を至上とする時代〕は、西洋の列強が技術進歩を足がかりに世界各地を征服・統治した植民地時代、すなわち大航海時代と深く結びついている。ヨーロッパの植民者は謎に満ちた新天地、とりわけアフリカで現地の宗教や習慣に触れた。きわめて傲慢なヨーロッパの家父長的権力構造は、こうした儀式や信仰を一切学ぼうとせず、16‐17世紀にヨーロッパの民間呪術に対して見せた思いあがりをここでも発揮し、彼らのことを愚かな人類学的キワモノ、被征服民は征服民よりも知的にも文化的にも劣るという(誤った)説の証拠であると考えた。さらにたちの悪いことに、こうした儀式や宗教は妖術、悪魔の所業、異端の印であり、植民者は先住民の魂の救済のためにこれを徹底的に弾圧すべしとされた。先住民の古くからの呪術は、無知な老婆や愚者や未開人が行う非合理的、非実在のものとして退けられ、西洋社会はこうした呪術を理論と合理性の欠如であり、それを実践する者の知的、人種的、文化的劣等性を明らかにするものと考えた。

現在、伝統的呪術の多くは再び標準化され、多様な層の人々のよりどころとなっている。

家父長的で独断的な考え方は、ヨーロッパおよび世界各地の呪術を容赦なく断じ、各地域固有の豊かな伝統は乱暴にひとまとめにされ、遅れた非文明的迷信のレッテルを貼られて徹底的に弾圧され、辛くも人類学的研究対象として断片的に記録された。その結果、当時の事物は破壊され、不完全な状態で残され、文化的断片だけがもともとの微妙な背景から切り離された。こうして十把一絡げにされた様々な伝統の空白は、後世にふさがれることになるが、現在では一抹の罪悪感と共に文化の盗用や植民地主義的偏見の形を取って現れることもある。意図的に呪術を消滅させた理性の時代は深い禍根を残したが、それでも西洋には偏見をもたない呪術師が残っていた。多くの場合、彼らは錬金術の伝統を継承し、さらに広範な世界の呪術を追求し続ける決意をかためていた。ただし、すべての呪術師が広い視野をもっていたわけではなく、オカルトの復興における一部の秘教信仰者は、理解よりも力を求めて、世界各地の伝統を盗用した。なかには当時の文化に典型の狭量な人種的偏見を支持した者もい

「第二次世界大戦直後には、より多様な層が世界の新たな見方を模索した」

ヴィクトリア朝に描かれたワシーリー・マクシモフの《田舎の婚礼に来た魔術師》（部分）。結婚パーティーで幸運を呼ぶために行われていた呪術は、伝統というよりも無知な農民の迷信と片づけられていた。

れば、さらに過激化してオカルトに傾倒したファシズムの新興政治哲学が唱える白人至上主義を擁護した者もいる。

一方、20世紀も半ばにさしかかると、共産主義、世俗主義、人本主義など宗教に懐疑的な哲学が、呪術は宗教を打ち負かす力をもっていると考えるようになる。アメリカのジャーナリストH.L.メンケンをはじめとする論客は科学的合理主義を主張し、科学における錬金術などの太古の呪術概念の影響から目を背けた。彼らは「時代遅れ」の呪術の概念を例として、聖性、祈祷、奇跡などの重要な宗教概念を揶揄し、宗教を「非文明的」かつ「非合理的」ないわゆる原始的民間伝統レベルにおとしめようとした。伝統的宗教制度への支持が下降しはじめた時代、それまで呪術を白眼視し、弾圧さえしてきたキリスト教会にとって、自分たちもまたまちがっているとの批判はこの上ない屈辱だった。

けれども呪術は永遠に日の目を見なかったわけではない。20世紀初頭、太古から伝わる秘教が中流階級の人々の興味を引くようになる。第二次世界大戦直後には、より多様な層が自らの生き方を決めようと、世界の新たな見方を模索した。教会、国家、学界といった旧来の権威的組織は、勃興しつつあった世俗主義を前に色あせ、資本と権力を強奪して20世紀初頭から半ばにかけて世界規模の紛争を引き起こした資本主義の共犯者と見なされた。1951年のイギリスにおける妖術禁止令廃止と歩をあわせるように、早くも1950年代には古代異教の実践者を自称する人々が呪術の伝統継承を公表し、ジェラルド・ガードナーとアレックス・サンダーズの主導のもとウィッカが設立された。ニューエイジのカウンターカルチャー運動が20 - 21世紀の心理学を足がかりにしはじめた時期、ウィッカ以外にも多くの呪術伝統が勃興を遂げた。

「ニューエイジ」という言葉自体、誤解を招きかねない。現代において呪術師とされる人の多くは異教（ペイガニズム）を信奉し、古代から長く受け継がれてきた伝統と直接結びついていると主張している。彼らの信仰や議論の対象は、新世代（ニューエイジ）ではなく旧世代の宗教だ。こうした信仰の流れが実際に昔の姿を保っていると考えるべきか、あるいは19世紀の主観の混じった人類学研究、秘教の深遠な知識、素朴で古い希望的観測をもとに再構築されたものと考えるべきかについて、呪術師と学者の論争は決着していない。「ニューエイジ」とは、心霊主義、エンジェルチャネリング（天使との交流）、UFO研究、オカルト主義（神秘学）などまったく異なる様々な行為をひとつにまとめた総称だとの意見もある。呪術に注目した1960年代のカウンターカルチャー運動の多くはシンクレティズム〔混合主義〕を支持し、ネイティブアメリカン、アフリカをはじめとする迫害を受けた民族の魔的、精神的伝統を取り入れた。彼らは友愛に基づく総体的な伝統の統合を目指したのかもしれないが、現在では彼らが手本とし信奉するグループから文化の盗用だとして非難されかねない状況にある。同時に科学的合理主義や原理主義的信仰を信奉する人々は、いまだに呪術を嘲笑し、恐れると共に、これを亜流に追いやり、禁じようとしている。

**呪術は人を魅了し続け
自分の人生を自分で
決めたい、より深い新たな
意義を見つけたいとの
希望に応えている**

近年の社会史は問題を含んではいるが、『ハリー・ポッター』の洗礼を受けて育った世代の生きる現代で、呪術がいまだに人気を誇っていることは驚くに当たらない。意志の力は変化を引き起こせるとするオカルト主義者アレイスター・クロウリーの主張は、社会・政治情勢に幻滅を感じる世代の共感を呼び、自分の人生を自分で決めるとの考えは多くの人々を魅了する。同時に、イメージ重視の傾向も強く、オカルト風の謎めいたシンボルのデザインの服やアクセサリーを売る店が増え、ますます多くの人がタロット占いや占星術を頼る一方で、呪術関連の書籍、映画、テレビ番組、ビデオゲーム、ポップミュージックがちまたにあふれている。呪術は何世紀もの歴史を経た古いものではあるが、消滅する気配は少しも見られない。

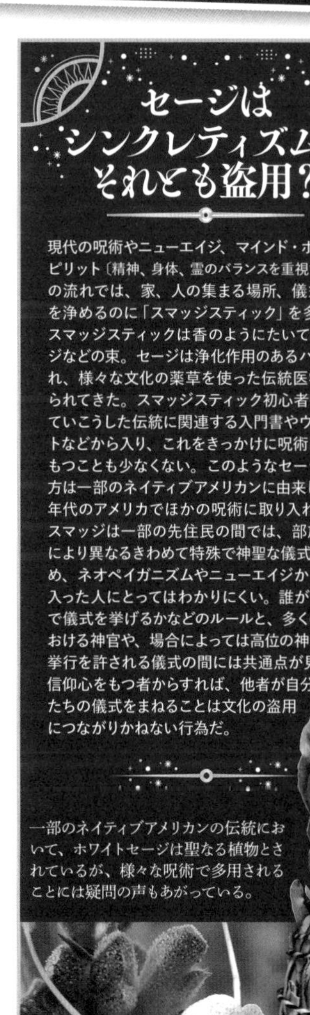

セージはシンクレティズム？それとも盗用？

現代の呪術やニューエイジ、マインド・ボディ・スピリット〔精神、身体、霊のバランスを重視する概念〕の流れでは、家、人の集まる場所、儀式の空間を浄めるのに「スマッジスティック」を多用する。スマッジスティックは香のようにたいて使うセージなどの束。セージは浄化作用のあるハーブとされ、様々な文化の薬草を使った伝統医学で用いられてきた。スマッジスティック初心者は、たいていこうした伝統に関連する入門書やウェブサイトなどから入り、これをきっかけに呪術に興味をもつことも少なくない。このようなセージの使い方は一部のネイティブアメリカンに由来し、1960年代のアメリカでほかの呪術に取り入れられた。スマッジは一部の先住民の間では、部族や状況により異なるきわめて特殊で神聖な儀式であるため、ネオペイガニズムやニューエイジから呪術に入った人にとってはわかりにくい。誰がいつどこで儀式を挙げるかなどのルールと、多くの宗教における神官や、場合によっては高位の神官だけが挙行を許される儀式の間には共通点が見られる。信仰心をもつ者からすれば、他者が自分たちの儀式をまねることは文化の盗用につながりかねない行為だ。

一部のネイティブアメリカンの伝統において、ホワイトセージは聖なる植物とされているが、様々な呪術で多用されることには疑問の声もあがっている。

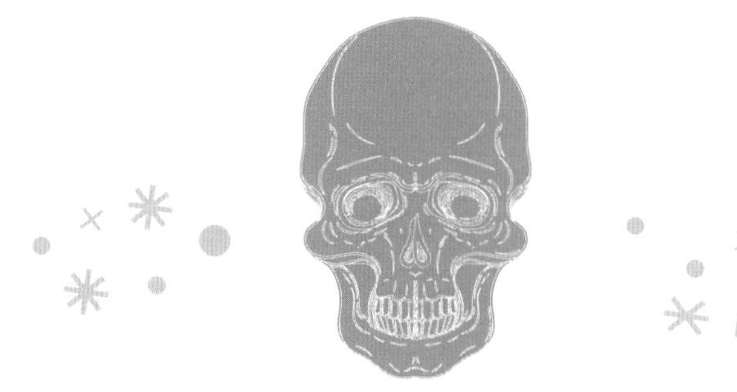

VARIETIES OF MAGIC
様々な呪術

「呪術の世界には様々なタイプの神秘的行為があり、それぞれに固有の歴史と力がある」

ベン・ガジュール

世の中には、世界は原子とエネルギーからなり、それらが機械的に作用して、私たちを取り巻くあらゆる事物を形成しているだけだと考える人もいれば、それとは異なる現実の捉え方をしている人もいる。後者にとって、世界は呪術に満ちており、呪術はあらゆるところに浸透し、適切で深遠な知識をもつ者だけが呪術を操ることができる。

正常な世界を超越した呪術を単純に定義するのは難しい。呪術を、超自然的な力を使って事物に影響を及ぼす様々な行為と定義すれば、ほとんどの宗教や祈祷も呪術の範疇に入る。だが、多くの人が宗教を呪術と定義することに抵抗を覚えるのは、昔から呪術につきまとってきた根深い当惑の表れにほかならない。呪術は無力な人、社会のはみ出し者、いわゆる「よそ者」と呼ばれる人の頼みの綱だった。ただ、宗教を除外することにも問題がある。呪術は宗教の慣習や文書で頻繁に言及されているが、宗教の除外はこの点を無視することにつながりかねない。そうなると画一的な捉え方しかできず、幅広い理解が妨げられる。歴史上あらゆる文化に何らかの形で呪術があることを考えれば、多様な呪術の形があって当然だろう。呪術の伝統は変化を遂げながら、各時代や場所に適応してきた。呪術には変化しやすいという特性があるが、おおまかに「儀式呪術」「自然呪術」「シャーマニズム」の三つに分けることができる。ほとんどの呪術はこのうちのどれかひとつに分類される。

儀式呪術とは儀式として実践される呪術で、オカルト関連の映画や本でもおなじみだ。ルネサンス時代に盛んになり、多数の本が出版され、悪霊を呼び出し、未来を占い、様々な離れ業をやってのけるための複雑な儀式が紹介された。

自然呪術では宇宙の隠された性質が核となる。この呪術を行う者は力を求めるのではなく、世界に本来備わっている力をひたすら追求する。占星術者は、天体を操るのではなく天体から学ぶのであり、自然呪術を使うには、その実在を認めるだけで十分だ。

シャーマニズムは様々な信仰や実践と結びついている。典型的シャーマンは実在の別次元にアクセスし、精霊を通して影響力を振るう能力がある。こうした精霊の力と交信することで、シャーマンは物理的世界に変化を及ぼしうる。

本書でも見ていくように、呪術の世界は決して画一的ではなく、きわめて個人的な体験からなる多層的な宇宙なのだ。

類感呪術

『金枝篇』を著したイギリスの社会人類学者ジェームズ・フレイザーは、類感呪術について「類似は類似を呼ぶ」と論じた。類感呪術は、本質的には表徴を通して力を及ぼす呪術だ。
空想から生まれた類感呪術では、人やモノを表徴化して望む形に変化させる。最も有名なのが、遠隔で人に危害を加えるためのヴードゥー教の人形〔ひとがた〕で、これに針を刺して敵に痛みを与える。蝋人形も同様で、人形を作り、相手が消えることを願いながら溶かす。
類感呪術のもうひとつの重要な概念が照応だ。薬草方面では、体の一部に似ている植物は治療に有効と考えられる。たとえば脳とそっくりなクルミは脳の疾病の治療に用いられ、男根の形をした植物は生殖不能に効くとされた。
モノで人間を表すこともあり、ある人の持ちものや体の一部（爪など）を手に入れて、その人に呪術をかける。

CEREMONIAL MAGIC
儀式呪術

「呪術とは歌と呪文と怪しげな儀式にすぎない」。そうした考えは儀式呪術に由来している。

儀式呪術は西洋で最も一般的な呪術の形式で、実践者は儀式と祈祷を通して不可思議な精霊に命令を出す。また、儀式呪術は一種の言語であり、宇宙を支配する力を授けるとも考えられた。

儀式呪術の起源は、私たちの性質の奥深くに刻まれているのだろう。動物でさえ単純な儀式を行うことができ、毎日同じ時間にエサをもらっているうちに、その直前の行動を繰り返すようになる。エサを与えられた動物はその時の行動がどのようなものであれ、エサをもらう動機であるかのように振る舞う。ある実験では、鳩はエサをもらうのに右方向にまわった。人間も含めすべての生きものには、何の脈絡もないところにさえ因果関係を探す傾向があるのかもしれない。儀式が私たちの心に強い力を及ぼすのもこのためだ。

様々な太古の宗教において、儀式は信仰の核をなしていた。ギリシャ人やローマ人は儀式を神との個人的な関係ではなく、しかるべき行動という文脈の中で捉えていたため、完璧に挙行せねばならず、不明瞭な発音や言いまちがいをすれば最初からやり直していた。吃音気味だったローマ皇帝クラウディウスはさぞ苦労したことだろう。

古代宗教における祭式と並び、民間呪術も儀式と深く結びついていた。ローマ帝国各地の水源地や鉱泉では、呪文が刻まれた鉛の巻物が発掘されている。ロンドンで見つかった呪い板には、「私はトレシア・マリアとその命、心、記憶、肝臓や肺、言葉、考え、思い出を呪う」と書かれている。

古代にさかのぼる儀式呪術は発展を遂げ、ルネサンス時代に入ると突如としてあらゆる古代的なものがもてはやされるようになった。ヨーロッパでは古代ギリシャの文書は消失したが、そのあと再び登場し、失われた英知への関心が高まった。15世紀フィレンツェの人文学者マルシリオ・フィチーノは、プラトンの著作のラテン語訳を命じられたが、

ジョン・ウィリアム・ウォーターハウス《魔法陣》(部分) 1886年。力を呼び出す儀式を行う魔女を描いた作品。儀式呪術がもつ様々な側面がうかがえる。

テウルギア、神との一体化

テウルギア（神働術）とは神々の来臨を促す呪術。呪術師たちはヘノーシス（神との一体化）の経験を通して、「完璧」に到達できると考えた。テウルギアは祈祷とは違い、神に何かをしてくれるよう頼むのではなく、むしろ、神のもつある面を自分の魂に取り込むことを目指す。
テウルギアは、物体の世界は実在しないとする新プラトン主義の哲学者たちの主張に由来する。あらゆるモノの背後にはより深遠な精神的世界があり、その奥には「究極の存在」、いわゆる神がいる。新プラトン主義者は、瞑想と浄化、儀式を通じて神と一体化できると考え、哲学者カルキスのイアンブリコスは、あらゆる物体は神に似せて創造され、神の力に満たされていると主張し、神々に近づくにはどのようなものを用いるべきかを論じた。
テウルギアを受け入れたキリスト教の宗派もある。初期キリスト教徒は自らの内に神性とのつながりを模索することで、現実の真の性質を発見できると考えた。後世の呪術師は、超人間的力を得て、呪術の力を強めるため、護符を通して神との一体化を目指した。

しばしば神と呼ばれる「究極の存在」は、宇宙を司っている。その高みを目指す過程で、人は完璧な自我へと到達するのにテウルギアに頼った。

神秘主義文書が世に出はじめると、哲学関係の翻訳を中断してそちらに取りかかった。「ヘルメス文書」と呼ばれるこれらの文書は、モーセの同時代人とされるヘルメス・トリスメギストスが作者と考えられた。
実際には、現代の学者はヘルメス・トリスメギストスの多数の著作年代を2世紀と推定している。ヘルメスが何者であるにせよ、その書はヨーロッパの思想を覆し、儀式呪術は知識層を中心に世間を魅了し、宮廷の呪術師たちは名声を誇った。ヘルメス・トリスメギストスはモーセと結びつけられたことで、当時の教会が呪術に向けていた非難を多少なりとも回避できた。イタリアのシエナ大聖堂の床には、人々に教授するヘルメス・トリスメギストスを描いたモザイク作品もある。
呪術を研究する人々は、ヘルメス文書やカバラなどの神秘主義に関する文書をもとに様々な儀式を発展させた。カバラでは言葉、文字、数字に固有の意味がある。曖昧な意味を含んだ文書は研究対象となり、それが儀式に反映される。知識層は、自分の求める力を手に入れるための最適な儀式を懸命に模索した。当時の人々は、言葉に隠された意味を探ることで、創造主の心の内に触れられると考えていた。
儀式呪術には、書物研究よりもずっとうさんくさく思われていた行為もある。一部の呪術師は神聖な文書に書かれた秘密の呪文や命令文を使って、悪霊を呼び出したり、天使と話したり、神と一体化したりしようとした。キリスト教はこうした呪術に走る者を異端と断じ、儀式呪術の発展はパラノイア〔妄想〕を刺激し、その後何世紀にもわたり西欧で魔女狩りが吹き荒れることになる。エリザベス1世に庇護されたジョン・ディーのような男性なら、水晶で未来を占い、天使に知を授けてほしいと願うこともできただろうが、有力者の庇護なくしては、裁判にかけられて処刑されてもおかしくなかった。
ルネサンス時代になると、呪術は比較的急速に

儀式呪術は様々な神秘主義で用いられておりウィッカの儀式にも影響を及ぼした

ここに描かれているように、ジョン・ディーやエドワード・ケリーをはじめとする呪術師は、儀式を通して死者の霊を呼び出し、交信した。

消滅した。神秘思想家パラケルススのように呪術と現代的な科学の両方の領域で活躍した者もいたが、錬金術師は黄金を作り出せず、呪術師は複雑な儀式を挙げても悪霊の軍団を呼び出せなかったため、彼らの研究を支援する君主は激減した。イングランド王ジェームズ1世は魔女による攻撃を恐れたが、彼の息子や孫は呪術より先に取り組まねばならない政治問題を抱えていた。現代科学が発展し、立証可能な事実からより効果的な方法が導き出されるにつれ、呪術が約束する力への関心は失われていった。
しかし科学が儀式呪術を駆逐したわけではなく、19世紀には神秘の力を頼る儀式が復活を遂げた。心霊主義では暗い部屋で儀式を挙げ、トランス状態に入って死者の霊を呼び出す。黄金の夜明け団のような結社は、目的達成のための最も有効な儀式をメンバーに伝授し、オカルト主義者アレイスター・クロウリーは現代呪術で使われる多くのツールを体系化した。現在、世界各地にはウィッカやセレマ〔「汝の意思するところを行え」と唱える哲学〕の信奉者が数多く存在する。人々が科学では見つけることのできない道を模索していることは明らかで、儀式呪術が昔も今も支持を得ているのは、知識のない者には決して理解しえない力を実践者にもたらしてくれるからだろう。
かつては呪術の実践を隠す傾向が強かったことから、今後も儀式呪術についてさらなる発見が進む可能性はある。ウィッカ実践者ダイアン・フォーチュンが述べたように、「無節操に儀式呪術を使えば、効果は消えてしまう。そのため呪術の実践は秘密にしておいた方がよい」。

「当時の人々は、言葉に隠された意味を探ることで、創造主の心の内に触れられると考えていた」

THE MAGIC OF NATURE

自然呪術

**自然界には理解を超える驚異や力が存在する。
人間は何千年にもわたり、こうした力を利用しようと試みてきた。**

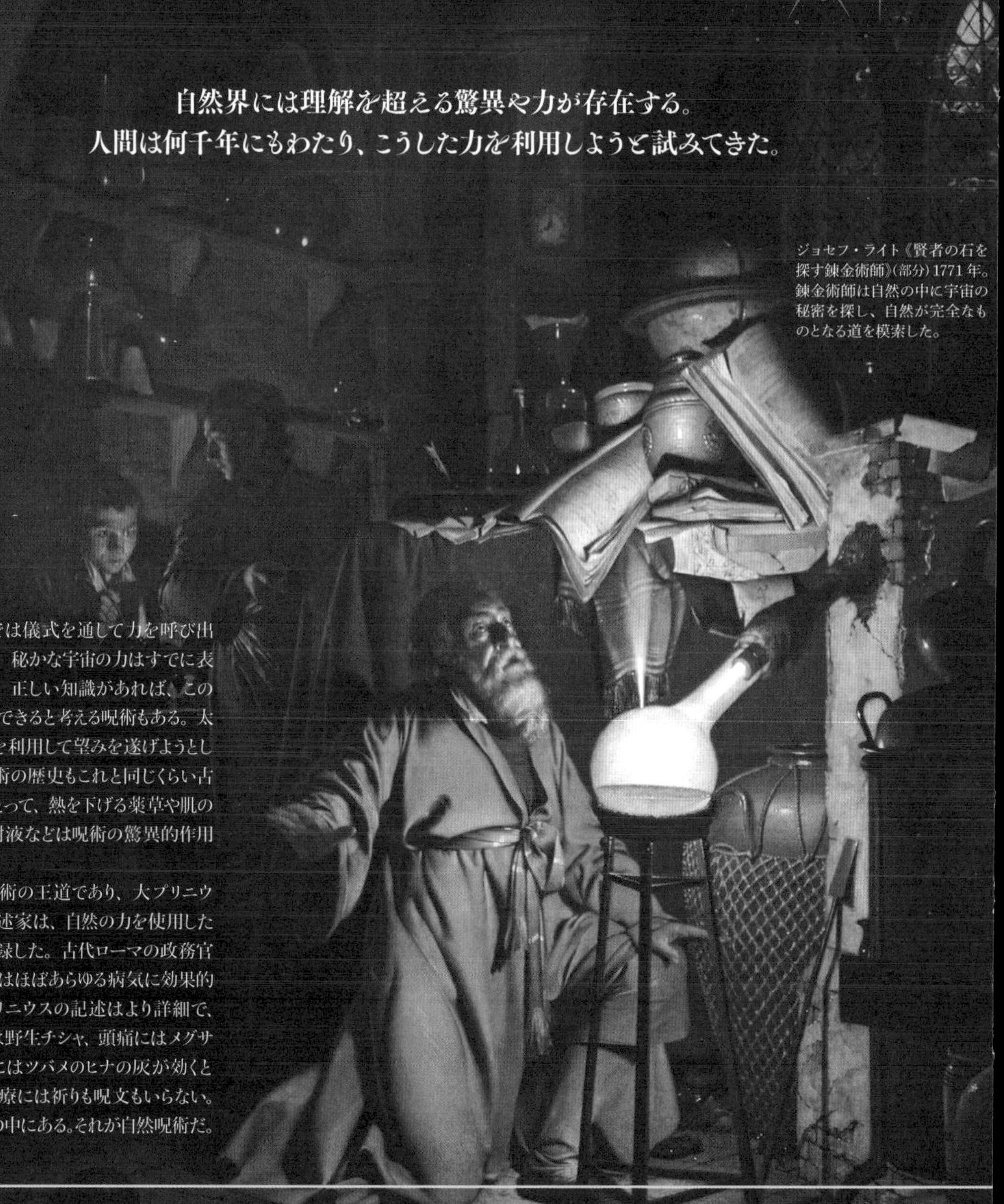

ジョセフ・ライト《賢者の石を探す錬金術師》(部分) 1771年。錬金術師は自然の中に宇宙の秘密を探し、自然が完全なものとなる道を模索した。

儀式呪術では儀式を通して力を呼び出す。一方、秘かな宇宙の力はすでに表れており、正しい知識があれば、この力を利用することができると考える呪術もある。太古から人間は自然を利用して望みを遂げようとしてきたが、自然呪術の歴史もこれと同じくらい古い。自然呪術師にとって、熱を下げる薬草や肌の炎症をやわらげる樹液などは呪術の驚異的作用だった。

自然呪術は古代呪術の王道であり、大プリニウスをはじめとする著述家は、自然の力を使用した様々な治療法を記録した。古代ローマの政務官大カトは、キャベツはほぼあらゆる病気に効果的と記したが、大プリニウスの記述はより詳細で、潰瘍に伴う痛みには野生チシャ、頭痛にはメグサハッカ、喉の炎症にはツバメのヒナの灰が効くと述べた。こうした治療には祈りも呪文もいらない。医術の効用は自然の中にある。それが自然呪術だ。

自然呪術の呪術師は自然に頼る。マンドレイクの根と人間の類似は、この植物の力を表すと考えられた。

大プリニウスは、自然呪術がその後1000年かけてどのような発展を遂げることになるかのヒントも与えている。たとえば、ハチミツの章に書かれている特別な夏のハチミツは、夏至から30日後、シリウスが天空の頂点にいる時期に作られる。大プリニウス曰く、このハチミツは神々からの贈りもので、ネクタル〔不老長寿の飲みもの〕に劣らない治癒効果がある。この例は、自然呪術が、人間が挙げる儀式よりもはるかに複雑になりうることを示している。夏のハチミツは、ちっぽけな人間の身振りや歌とは一切無縁で、天空の回転とそこに住む神々の産物なのだ。

キリスト教が普及しても、自然呪術は許容可能な呪術として認められた。多くのキリスト教徒は、神は宇宙を創造した時に、存在の大いなる連鎖を築いたと信じていた。すなわち、あらゆるものは自然の高層、下層両方の姿とつながっているとする考えだ。自然呪術師はモノどうしの関係を把握すれば、神の意図に沿ってそれらを使うことができる。関係はしばしば照応（p70）の形を取る。すなわち自然の中に創造主が残したヒントだ。

博学な人々が神秘主義的治療のために自然の中にヒントを求める一方、比較的ひっそりと続いた慣習もある。たとえば、民衆の知恵はしばしば自然呪術にさかのぼる。森や野で日がな一日を過ごした人にとって、自然界は現代におけるよりもずっと密接に日常生活と結びついていた。カニングフォークと呼ばれる薬草に通じていた男女は、何代も受け継がれてきた知恵に頼っていた。彼らが施す治療の中には希望的観測の域を超えないものもあったが（死者の歯に触れて歯痛を治す治療などは信頼度が低い）、解熱に柳の樹皮を用いるなどの療法はのちのアスピリン発見へとつながった。

富を求める者にとって、錬金術はとりわけ興味をそそる分野だった。卑金属を黄金に変容させることを目的とする錬金術は利益をもたらすと同時に、その過程自体に、物質に備わっている特性を利用することで世界を完璧にするという神秘主義的隠喩が含まれている。錬金術師は長い時間を費やして研究と実験を重ね、彼らが開発した蒸留、発酵、精留の技術は、のちに現代の化学へと変化を遂げることになる。

儀式呪術は主に科学に取ってかわられることになるが、自然呪術が多くの点で現代科学の基礎を形成したことは注目に値する。様々なツールや呪文を使って未来を見る占いは、儀式呪術に分類されることが多い。しかし自然観察のみに頼る占いも少なくなく、多くの科学的進歩のきっかけとなった。占星術師たちは、その研究内容からして、長きにわたり夜空を観察してきた。天空図作成のために星の位置を注意深く観察し、彗星などの様々な現象を記録し、のちの天文学者たちはこれを科学の領域に組み込んだ。天空の回転と共に変わる星の位置を研究し、一年の長さを突きとめたのは、古代エジプトの占星術師たちだ。

薬草学から植物学への変化はわかりやすい。治療に植物を使おうと思ったら、植物を同定するスキルが必要だ。民間療法は多くの人から頼られて発展し、現代医学へとつながった。古代文書に記された薬の調合を嘲笑することはたやすいが、実際に効果があるものもある。9世紀のアングロ・サクソン人はニンニク、タマネギ、ブドウ酒、牛の胆汁を調合して目の軟膏を作っていたが、2015年には、これが超強力な抗生物質にも耐性のあるメチシリン耐性黄色ブドウ球菌を殺すことが明らかになった。

自然呪術で用いられるのは植物だけでなく、あらゆるものが宇宙の様々な相と共鳴し、力を発揮すると考えられていた。クリスタルセラピーはきわめて現代的に見えるが、実際には石の治癒効果に関する研究は1000年前にさかのぼり、大プリニウスも、琥珀を身につけると一時的精神錯乱に効くと論じた。クリスタルはほぼすべての病気に有効とされ、現代の施術者は関連文書を参考にどのクリスタルを用いるかを決める。ただしこのタイプの自然呪術の効果は、科学的にはまだ立証されていない。

私たちは自然を前にして圧倒される。現代でさえ、こうした感覚は、宇宙全体が呪術に満ちているかのような印象を生じさせる。古代、多くの人々は川、海、樹木には自然の精霊が宿っており、世界には命があると信じた。純粋な自然観察から自然信仰やその力を頼る行為が派生し、のちのいわゆるシャーマニズムへとつながっていく。

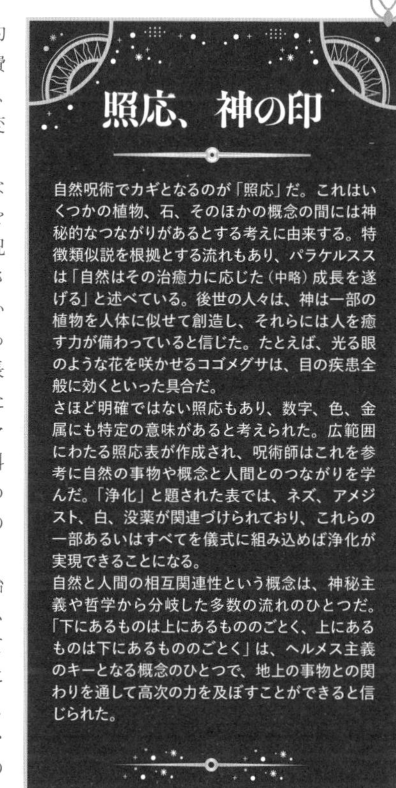

照応、神の印

自然呪術でカギとなるのが「照応」だ。これはいくつかの植物、石、そのほかの概念の間には神秘的なつながりがあるとする考えに由来する。特徴類似説を根拠とする流れもあり、パラケルススは「自然はその治癒力に応じた（中略）成長を遂げる」と述べている。後世の人々は、神は一部の植物を人体に似せて創造し、それらには人を癒す力が備わっていると信じた。たとえば、光る眼のような花を咲かせるコゴメグサは、目の疾患全般に効くといった具合だ。

さほど明確ではない照応もあり、数字、色、金属にも特定の意味があると考えられた。広範囲にわたる照応表が作成され、呪術師はこれを参考に自然の事物や概念と人間とのつながりを学んだ。「浄化」と題された表では、ネズ、アメジスト、白、没薬が関連づけられており、これらの一部あるいはすべてを儀式に組み込めば浄化が実現できることになる。

自然と人間の相互関連性という概念は、神秘主義や哲学から分岐した多数の流れのひとつだ。「下にあるものは上にあるもののごとく、上にあるものは下にあるもののごとく」は、ヘルメス主義のキーとなる概念のひとつで、地上の事物との関わりを通して高次の力を及ぼすことができると信じられた。

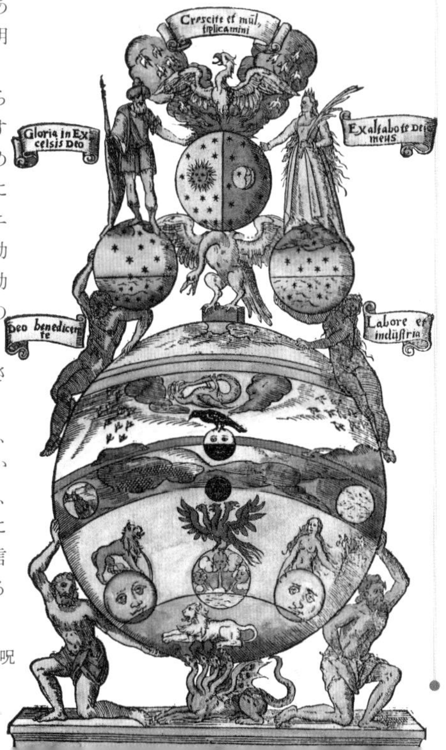

自然界にはヒエラルキーがあるとされ、自然呪術は高層と低層とのつながりを追求する。

現在、シャーマニズムは広範に普及している。このモンゴルのシャーマンは伝統的な衣装をまとい、太鼓を持っている。太鼓は多くのシャーマン儀式の重要な道具だ。

SHAMANISM

シャーマニズム

精霊と交信する力をもつシャーマンには多くのタイプがあり、スピリチュアルな世界へと続く様々な道を示して見せる。

「エクスタシーの技術」と呼ばれるシャーマニズムは、人間界を離れて精神界に入る呪術。自然の万物には精霊が宿るとされ、鍛錬と時には苦悩を通じてのみ、この別世界に到達できるとされる。

シャーマニズムは信仰というよりも、世界各地に点在する伝統に近い。インドネシアのドゥクン、サーミ人のノアイデ、ペルーのアヤワスケロス、そのほか数百もの文化にシャーマンは存在する。彼らに共通するのが、「向こうの」場に到達できるとの信念で、この「場」は通常の感覚では変性意識状態として理解される。

シャーマンの訓練は何年もかかり、夢や神の使いの召命が必要とされる文化もあれば、世襲制の社会的地位である文化もある。導き手が修行者に知を伝授するが、イニシエーションの最終段階では肉体がばらばらにされ、心霊体験を経ることになる。修行者は山に登り、眠らず、幻覚剤を服用する場合もあり、最終的に精神世界へと足を踏み入れる。

試練を経てシャーマンになった者は、共同体の中心的人物となる。通常の人間生活を超えた精神世界に到達する能力をもつシャーマンは、社会の役に立つことを期待されるが、それがどのような期待なのかは、文化により大きく異なる。

韓国ではシャーマニズムを実践する前に巫病（神病）を経ねばならず、シャーマンは神あるいは精霊

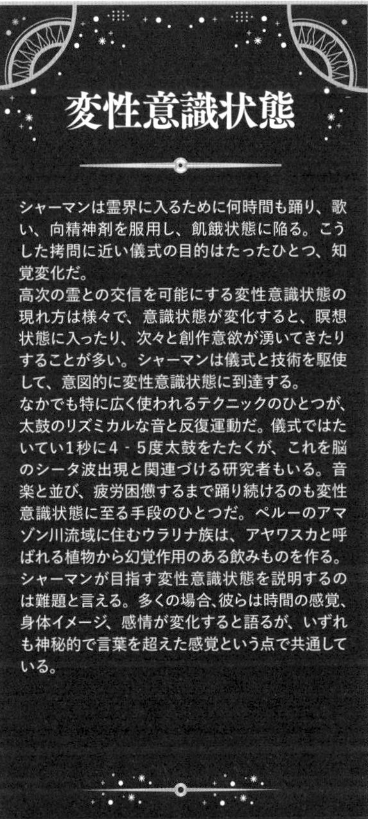

変性意識状態

シャーマンは霊界に入るために何時間も踊り、歌い、向精神剤を服用し、飢餓状態に陥る。こうした拷問に近い儀式の目的はたったひとつ、知覚変化だ。
高次の霊との交信を可能にする変性意識状態の現れ方は様々で、意識状態が変化すると、瞑想状態に入ったり、次々と創作意欲が湧いてきたりすることが多い。シャーマンは儀式と技術を駆使して、意図的に変性意識状態に到達する。
なかでも特に広く使われるテクニックのひとつが、太鼓のリズミカルな音と反復運動だ。儀式ではたいてい1秒に4－5度太鼓をたたくが、これを脳のシータ波出現と関連づける研究者もいる。音楽と並び、疲労困憊するまで踊り続けるのも変性意識状態に至る手段のひとつだ。ペルーのアマゾン川流域に住むウラリナ族は、アヤワスカと呼ばれる植物から幻覚作用のある飲みものを作る。
シャーマンが目指す変性意識状態を説明するのは難題と言える。多くの場合、彼らは時間の感覚、身体イメージ、感情が変化すると語るが、いずれも神秘的で言葉を超えた感覚という点で共通している。

シャーマニズムで最も一般的な道具のひとつが太鼓。太鼓をたたく行為は意識状態に変化を及ぼすことがある。

に乗っ取られる。肉体的苦痛と精神的トラウマを残す経験であり、精霊との完全な結びつきにより癒されたシャーマンは、共同体のために儀式を行う資格ありとされる。多くの場合、舞踏や歌を通して神の助けをもたらし、豊作や健康が実現する。
一部のネイティブアメリカンは、シャーマンは自分たちのテリトリーに侵入するヨーロッパ人入植者に立ち向かうすべを授けてくれると考えた。1889年、先住民ホーソーン・ウォジウォブはゴーストダンスのビジョンを見た。ゴーストダンスとは精神世界への部族信仰と結びついた円舞で、ビジョンの中で死者の霊がウォジウォブに語りかけ、白人侵略者を駆逐する手助けを約束した。このメッセージはあっという間に広がり、ラコタ族のある者は「彼らは人々に、踊りを通して新世界が実現され、地滑り、地震、大嵐が起こり、地球はくさい動物、羊や豚、フェンス、電柱、鉱山、工場など白人たちのもたらしたあらゆる醜いものと共に絨毯（じゅうたん）のように巻かれるだろうと話した」と追憶している。だがゴーストダンスの約束は果たされず、ウンデット・ニーで多くの人が虐殺された。
南アフリカのシャーマニズムは個人レベルの行為で、「サンゴマ」と呼ばれるシャーマンが個人から治癒や占いを依頼される。病気は霊により引き起こされる、あるいは霊が汚されることが原因だとされ、そのためサンゴマは治癒において特別な役割を担う。彼らは普通の医学では対処できない病気にかかってはじめて、自分たちが特別な役割を果たすために選ばれたことを理解する。これを治すことができるのは別のサンゴマだけであり、その後、他者を助けるための修行を積むことになる。骨を投げたり、夢やトランス状態に至ったりすることで祖先の霊と交信し、患者にどのような治療が必要か助言する。薬草の力を最大限引き出すには、どのタイミングで、どこで採取したらよいか、霊が教えてくれることもある。
共同体レベルであれ個人レベルであれ、シャーマンは他者を助けることで、人間の人生のあらゆる段階に介入する。多くの場合、シャーマンの儀式は社会的かつスピリチュアルなイベントで、音楽、歌、ダンスが使われ、部族で参加する。一部の文化では、出産を手伝ったり割礼を施したりするのもシャーマンの仕事だ。
シャーマンはあるグループの全成員をまとめると同時に、彼らを祖先の霊や自然界と結びつける仲介役のような存在でもある。死の床でもシャーマンが呼ばれ、魂を来世へと導く霊魂導師として機能することもある。死さえも共同体の結びつきを断つことはない。
ただしシャーマニズムに関する議論では、多くの研究者が「シャーマン」という言葉に懐疑的であることに留意しなければならない。これほど多様な文化や行為をひとつの言葉でくくるのは誤った結論を導きかねない、というのがその根拠だ。文化評論家は、「シャーマン」という言葉は往々にして外部者がある社会的役割につける名称であり、「シャーマン」という言葉が指す人々の視点を無視しかねないと論じる。シャーマニズムという概念は、自分たちの都合にあわせた言葉のひとつだとする意見もある。言葉の定義についての学術的議論はともかく、重要なのは、何が人間をシャーマニズムへと向かわせるのかだ。
「ネオシャーマニズム」と呼ばれる新たな信仰は、より伝統的なシャーマニズムの形を基礎にしている。ネオシャーマニズムでは、世界各地の民族の様々な行為を総合する一方、特に西洋では、シャーマニズム本来の環境に身を置いて、その伝統とつながろうとする人々がいる。彼らは自己の内をより深く旅し、日常生活外にある力と交信するため、何千キロメートルも離れた地を訪ねてシャーマンの儀式を受けることもある。昔からシャーマンはこうした旅と交信を目指してきた。それはとりもなおさず、人類が絶え間なく英知を希求している印だろう。

伝統的衣服を着たアラスカのシャーマン。異なる世界の仲介者の役割を強調するため、仮面をつけることが多い。

『アタルヴァ・ヴェーダ（*The Atharvaveda*）』は、神、人間、自然の世界がつながっていること、適切な言葉と儀式が奇跡を引き起こすことを伝えている。

THE ATHARVAVEDA

アタルヴァ・ヴェーダ

「ヒンドゥー教のひとつの基礎をなす『アタルヴァ・ヴェーダ』に書かれている呪文を使えば、望みをかなえられる」

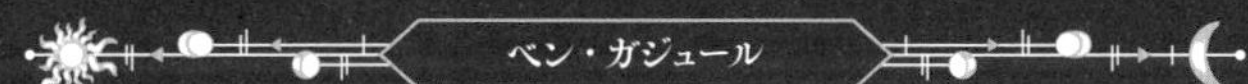

ベン・ガジュール

『アタルヴァ・ヴェーダ』は四つあるヴェーダ（サンスクリット語で書かれた古代インドの身体と宗教に関する書）のうちのひとつで、紀元前1000年頃に様々な文書を集めて構成され、ヒンドゥー教やインドの思考、哲学、宗教の形成に大きな影響を及ぼした。魔除け、呪文のヴェーダとも呼ばれ、犠牲の火を捧げた架空の神官アタルヴァンが著者とも言われる。

『アタルヴァ・ヴェーダ』には数百もの句が綴られ、目的達成のための神への祈願と実際の手引きが記されている。たとえば複雑骨折の対処法では、ローヒニー〔クスノハガシワ〕と呼ばれる植物の塗布法とあわせて、けがをした部分に向けて唱える呪文も書かれている。世俗と神性が密接に結びつき、それぞれの力が働いて呪術を成就させる。

感情の乱れや恐怖を消すための呪文もあり、嫉妬を消す呪文は、さっと吹いて心を浄める空気に似せて描かれている。呪術や悪霊への恐怖には、鉛の破片に向かって呪文を唱え、ヒンドゥーの神々に加護を願い、自分に危害を及ぼそうとする人の心臓に象徴的に突き刺す。危害を及ぼす呪術は悪人にしかかけられず、それも高位の者には不適切とされていたが、バラモン〔司祭〕だけは悪霊祓いに通じていたので、許されていた。

民間宗教や伝統の部類に入る『アタルヴァ・ヴェーダ』がヴェーダとして認められるには長い時間がかかった

『アタルヴァ・ヴェーダ』に記されている呪文や聖句は韻を踏んでいることから、声に出して唱えられていたと考えられる。幼児の寄生虫を治す呪文など、現実世界でのトラブル対処を重視しているため、そのほかのヴェーダに書かれている神々の性質といった深遠な思想とは異なる民間宗教と理解されることもある。この書にはインド医学の大家スシュルタの知識が広く援用されており、インドの伝統医学アーユルヴェーダとも直接つながりがある。呪文の起源である韻文を読み込むことで、ヴェーダ時代について多くを学ぶことができる書だ。

しかし次第に『アタルヴァ・ヴェーダ』の韻文は嫌厭されるようになり、廃れていった。現在、ほかのヴェーダは盛んに教授されているが、この書に取り組む研究者はごくわずかだ。

『アタルヴァ・ヴェーダ』は紀元前1000年頃にヴェーダ語で書かれ、現行の宗教文書としては最古の部類に入る。

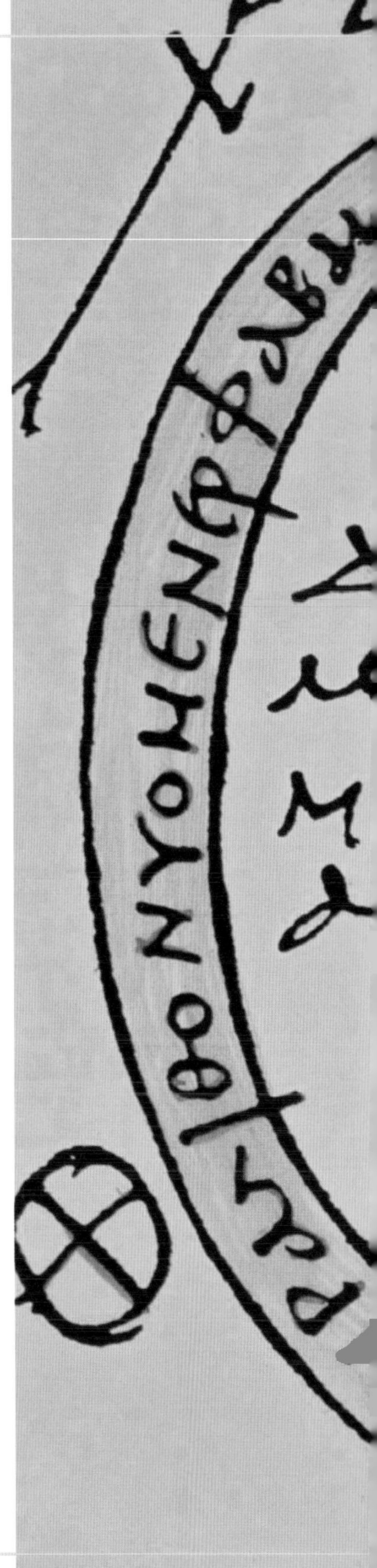

GREEK MAGICAL PAPYRI
ギリシャ語呪術パピルス

「毎年のようにもろいパピルス文書が明らかにされ、古代呪術の神話、聖句、儀式の発見が進んでいる」

ベン・ガジュール

古代は呪術に満たされていて、犠牲を捧げる時に神官が唱える呪文から、そっとささやく呪いまで、人々は人生のあらゆる問題を呪術で解決していた。当時の呪術文書や儀式のほとんどは失われてしまったが、可能な限り復元を試みるプロジェクトが進行中だ。

ギリシャ語呪術パピルスのほとんどはエジプトを起源としており、呪文、魔除け、儀式がパピルスにギリシャ語で記されている。2-5世紀にさかのぼるとされ、当時東地中海のほぼ全域でギリシャ語が交易や文学に使われていた。17世紀以降、アンティーク商たちはこれら古代の希少で神聖な品々を買いあさった。

その後、間もなく、彼らが購入した文書の多くは古代の有名な著作ではなく、秘教や呪術に関する書であることが明らかになった。

現在、ギリシャ語呪術パピルスは学者によりまとめられたが、もとはひとつの文書ではなく、様々な場所、時代における呪術伝統を伝えている。各書にギリシャの異教の神々への賛歌が綴られており、そのほとんどが呪術儀式と結びついている。ヘリオスに捧げられた賛歌は霊的助けを求める内容で、「命じることすべてを教えてくれるダイモンを私のもとに送ってください」と歌っている。興味深いことに、この賛歌にはスカラベなど古代エジプトの宗教的モチーフが登場し、ギリシャとエジプト思想の統合をうかがわせる。エジプトの神アヌビスは、ギリシャではヘルメスと呼ばれた。そのほかのパピルス文書には、ギリシャの伝統にもエジプトの伝統にもない霊への呼びかけが記されている。

ギリシャ語呪術パピルスは書かれた当時はばらばらでのちにひとつにまとめられた

儀式は唱える言葉と同じくらい重要だ。恋人の愛を引きとめておくには、ろくろから粘土を取り、男女像を作って謎めいた言葉をぎっしりと記し、針で刺す。多くの呪術には動物由来（特にロバ）の材料が使われた。

古代人がこれらの文書をどう考えていたかについては、現在でも議論が続いている。新たな形式の呪術や礼拝を模索していた神官層の文書だったのか。あるいは古代の神々ではもはや満足できなかった人々のための、民間呪術運動の産物だったのか。議論はつきない。

ギリシャ語呪術パピルスからは、古代エジプト、ユダヤ教、キリスト教の伝統の影響がうかがえる。

エジプトで見つかったギリシャ語呪術パピルスは、古代後期に広範囲にわたって呪術が流行したことを示している。

Image source: Alamy

THE EMERALD TABLET
エメラルド・タブレット

「この深淵なる文書は黄金を作るための秘密の調合か、
あるいは啓蒙のカギか。難解な錬金術の書か、あるいは神秘の呪術か」

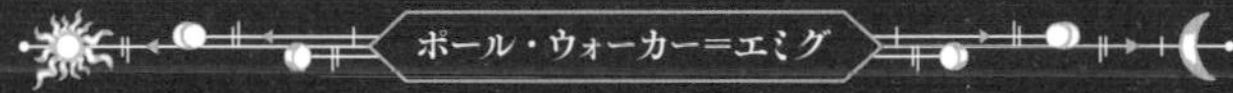

「エメラルド・タブレット」は熱心に研究され、幾度も新解釈が加えられてきた難解な文書だ。何世紀もの昔から、多くの人々がその秘密に挑んできた。15世紀までヨーロッパの錬金術師は、エメラルド・タブレットは実験プロセスをコード化した叙述であり、賢者の石すなわち卑金属を金に変える力をもたらす秘密の調合が書かれていると考えた。しかし16世紀の錬金術師は、天使を頼り、神と交信するすべを記したスピリチュアルな文書であると解釈した。

この文書は、ヨーロッパの錬金術師たちから錬金術の基礎と見なされていた2世紀以降の一連の「エジプト・ギリシャ文書（ヘルメス文書）」の一部とされ、アラビア語、ラテン語、英語など様々な言語に何度も翻訳された。アイザック・ニュートンによるエメラルド・タブレットの翻訳には次のように書かれている。

「これは偽りなしの真実。
確かでこの上ない真実だ。

下にあるものは上にあるもののごとく、
上にあるものは下にあるもののごとく、
唯一のものの奇跡を起こすためにある。

ひとつのものの手が働き、
万物はひとつのものにより起こった。
ゆえに万物はこのひとつのものの
適応から生まれた。

太陽はその父
月はその母
風はこれを胎内に運び
地はこれを育んだ。
その力は地に変えられれば完全となる。
熱意をもって、地を炎から、

エメラルド・タブレットの発見を描いた15世紀の絵。錬金術師たちは何世紀もの間、とりつかれたようにこの伝説の文書を追求した。

ほんのわずかなものを全体からそっと分離せよ。
それは地から天へと昇り、再び地に降り、
上等と下等の力を受ける。

これにより汝は全世界の栄光を得、
あらゆる闇は汝から去るであろう。

この力はあらゆる力の上にある。あらゆる微細なものに勝り、あらゆる堅固なものに浸透するからだ。

世はかように創られた。ここから生み出される素晴らしき適応とその方法はここにある。

それゆえ私はヘルメス・トリスメギストスと呼ばれ、全世界の哲学の三つの部分を手にしている。

太陽の働きについて私の語ったことは、実現され、完遂される」

エメラルド・タブレットの冒頭の文章「下にあるものは上にあるもののごとく、上にあるものは下にあるもののごとく」は、重要な意義を含んだ哲学だ

結合、四大元素、三大原理に言及したこの文書は、隠喩と寓意に満ちており、錬金術と重大な関わりがあることは明らかだ。錬金術師やのちの呪術師たちが数世紀にもわたり、この文書をもとに思考を深めたのも当然と言えよう。

Images source: Wiki

エメラルド・タブレットを描いた版画。1609年以降。

Hermes Trismegistus and the Hermetica

ヘルメス・トリスメギストスとヘルメス文書

「ヘルメス・トリスメギストスは知の共有を通じて、
何世代にもわたり錬金術師、
哲学者、オカルト主義者に様々な影響を及ぼした」

ポピー・ジェイ・パルマー

2世紀のエジプト・ギリシャの英知の書であるヘルメス文書はヘルメス主義の宗教観や哲学の基礎を形作った。

シエナ大聖堂のモザイクに描かれたヘルメス・トリスメギストス。彼はモーセの同時代人とされる。

ヘルメス文書を構成する42の文書のほとんどは、アレクサンドリア大図書館が焼失した際に失われたと考えられている。

ルネサンス時代、錬金術師たちは専門家によって書かれた様々な指南書を読み込んだ。なかでも最も重要なのが「ヘルメス文書」だ。これはヘルメス・トリスメギストスの著作とされ、2世紀以降のエジプト・ギリシャの英知が広く収められている。対話形式が大部分を占め、師が議論を通して弟子を啓蒙するという内容だ。議論の対象は神性、宇宙、心、自然、錬金術、占星術、そのほかこれらに関連する概念にまたがる。宗教観、哲学、ヘルメス主義と呼ばれる神秘主義の基礎となった文書でもある。

ヘルメス文書自体、さらに大きな文書の一部だ。これは知的変化を遂げた当時の異教を統合した文書で、ギリシャ・ローマの秘儀の流れをくむ新プラトン哲学などの文化運動を刺激した。ギリシャ神話や形而上学的新プラトン哲学の細部とはつながりはないものの、ユダヤ教の影響を受けており、『創世記』1章28節を引用している。

ギリシャ神話の神ヘルメスとエジプトの神トートが融合してヘルメス・トリスメギストスが生まれたと考えられている

文書は12世紀に西洋文化から姿を消したが、ルネサンス時代に再び発見され、マルシリオ・フィチーノが翻訳し、ヘルメス・トリスメギストスの思想に共鳴する人が増えるにつれ、錬金術師たちから広く支持された。文書の教えはジョルダーノ・ブルーノやピコ・デラ・ミランドラなどの哲学者に多大な影響を与え、錬金術に深い足跡を残した。だが教会からの批判を受けるにつれアンダーワールドに入り込み、オカルト主義を色濃く反映するヘルメス主義が生まれ、西洋の呪術を大きく左右した。ヘルメス主義ではヘルメスは42冊の本を著したとされるが、ユリウス・カエサルがアレクサンドリアを制圧して大図書館が大火に見舞われた際に、そのほとんども消失したと伝えられる。そのため非専門家が読むことのできる文書はごくわずかだが、現代のオカルト主義者は、彼の宗教観や哲学が綴られた文書は、どこかの図書館に密かに保管されていると信じている。

新世代のヘルメス主義では、ヘルメス・トリスメギストスには数人の妻と少なくともひとりの息子がいたと考えられている。同名の息子を通して彼の名は何世紀にもわたり語り継がれ、子孫は未知の宗教の神官を務めたとされる。ヘルメス文書はとうの昔に消失したのに、伝説としてヘルメス・トリスメギストスと共に現代まで長く語り継がれる要因のひとつは、こうした言い伝えにもあるのかもしれない。

VINCULUM MAXIMUM

ΚΑΙ

Α Ω

Ὁ ΘΕΟΣ ΑΓΙΟΤΑΤΟΣ ΕΣΤΗ Ὁ ΜΕΓΙΣΤΟΣ

Ὁ ΚΥΡΙΟΣ ΤΩΝ ΠΑΝΤΩΝ ΠΝΕΙ ὙΠΕΡ ὬΝ

ΠΑΣΙ

יהוה

Qui facis Mirabilia magna Solus

Finis coronat opus.

キリスト教のシンボルと秘教のイメージを組みあわせて隠れた力を表現するキプリアヌスあるいは黒書。

CYPRIANUS AND THE BLACK BOOKS

キプリアヌスあるいは黒書

「秘密の呪術と知の書には、スカンディナヴィアの人々が
大切にする英知があますところなく収められている」

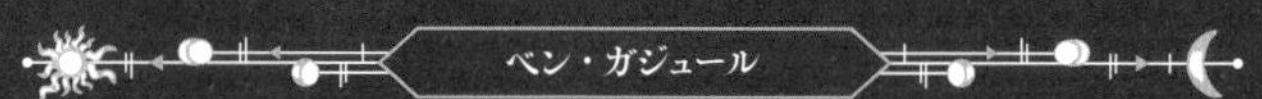

ベン・ガジュール

「グリモワール」と呼ばれる呪術と呪文の書は、様々な地域で多くの人々により熱心に読まれてきた。スカンディナヴィアの農村部では、何世紀にもわたり、こうした書に収められた知が命を救ってきた。「黒書」「キプリアヌス」と呼ばれるこれら呪術文書は多様な形式で書かれ、独特の知が記されている。民間の技芸や伝統治療に通じたカニングフォークと呼ばれる人々は、独自のキプリアヌスをもっており、学びを深めるごとにそれを書きとめていた。19 世紀になっても、キプリアヌスの所有者は恐れられており、ある聖職者などは、所有者が呪術をかけるのを妨げようとキプリアヌスを奪い、信徒たちを安心させたと伝わっている。

それぞれその土地の言語で書かれ、薬草治療から精霊トロールを退けるための呪文まで多様な知が収められており、多くの序文はこの書が百科事典的内容であると述べている。

「キプリアヌスの書：冥界の悪霊がもつあらゆる知恵を収めた書。秘密、秘宝、盗み、呼び出し、様々な学芸などを扱い、序文が付され、各項目が呪術の実践、呪術の撤回、釣りや狩り、呪文、想像力をかきたてる多岐にわたる興味深く有用な学芸、自然についての手引きとなっている」。

書名は聖キプリアヌスにちなむと考えられる。キリスト教に改宗する以前のキプリアヌスは呪術を操っていたとされる

黒書をめぐる伝説は数多くあり、サタンに魂を売る約束をして書を手に入れた者の話も伝わっている。一度この書を手にしたら、処分はほぼ不可能だ。火も水も歯が立たず、埋めても無駄で、いくら処分しようとしても、不思議と戻ってくる。黒書は黄泉と結びつけられることが多いが、所有者のほとんどは聖職者だった。医師や教育を受けた人が少ない地域では、牧師やその妻が治療者、助言者、相談相手の役割を担うことが多く、彼らにとって黒書は、日々のトラブル解決法が多数収録された貴重な情報源だったに違いない。

キプリアヌスの書に記されている呪術の多くはキリスト教と民間伝統の混合だ。たとえば、けがの治療では、患者のけがをイエスが負わされた傷と重ねて、イエスに治癒を乞う。類感呪術も援用され、痛みや病気を無生物に引き受けさせる。完全に異教的な助言もあり、邪悪なフルドラ族（北ヨーロッパの民話に登場する森の生きもの）に供えものをして占いをするなどの方法が記されている。

「呪術の多くはキリスト教と民間伝統の混合だ」

キプリアヌスの書ではキリスト教、ユダヤ教、深遠な象徴が組みあわされ、スカンディナヴィアの多くの正統派の哲学者に衝撃を与えた。

黒書は、魔女や呪術師が黒呪術を学んだヴィッテンベルク黒呪術学校に由来すると言われる。

THE MERSEBURG CHARMS
メルゼブルクの呪文

**「現存する唯一のドイツ異教徒の呪文は
古高ドイツ語で書かれている。
このことから、呪術は文化として広く浸透していたと考えられる」**

ベン・ガジュール

1841年、歴史家ゲオルク・ヴァイトは、メルゼブルク大聖堂に保管されていたふたつの古高ドイツ語の呪文を発見した。神学論文（おそらく10世紀）の白紙に書き込まれたこのふたつの呪文は、失われた呪術の伝承を完全な形で伝えている。このメルゼブルクの呪文は間もなく、ヤーコプ・グリムにより世に知れ渡った。

ひとつ目の呪文は、イディス（亡霊あるいは精霊）が戦で捕虜になった戦士を解放したことを伝えている。文書では当時の状況とあわせて、この身内生還の呪文で使われる言葉が紹介されている。くびきから解放されたいと願う者は、「かせを跳び越え、敵から逃れよ」とだけ唱えればよい。

ふたつ目の呪文は足を痛めた馬のためのものだ。ある日、神々は馬に乗って森を駆けていたが、バルドルの馬が脱臼し、ヴォーダンが馬に向かって次のように呪文を唱えた。

**「骨の脱臼、
血の脱臼、
関節の脱臼には、
骨は骨へ、血は血へ、
関節は関節へ。それらがつなぎあわされるように」**

**メルゼブルクの呪文は
同時代のアングロ・サクソンや
スカンディナヴィアの
呪文との共通点が多い**

これ以外に古高ドイツ語の呪文の資料はないが、こうした呪文は、歌や呪術を指すいわゆる「ガルスター」に当たると思われる。

北欧ではガルスターと同類の「ガルドル」も知られており、同様の状況における呪文の使い方が説明されている。誰がなぜメルゼブルクの呪文を書きとめたかは不明だが、おかげでヨーロッパのほかの呪術との比較が可能だ。グリムはこうした呪術をはじめて本にまとめて発表したが、馬を癒すノルウェーの呪文のことも知っていた。ノルウェーの呪文では、異教の神ではなくイエスの乗っていた馬がけがをする。「イエスは骨髄を骨髄に、骨を骨に、肉を肉にした」。

スウェーデン、デンマーク、スコットランドでも、似たような状況で馬を癒す呪文が発見されている。シェットランドの呪文では、イエスが馬に「関節は関節に、骨は骨に、筋は筋にして、聖霊の名によって癒されよ」と命じたとある。興味深いことに、この呪文は足を折った人間にも使われたとの記録が残っており、足に包帯が巻かれる間、呪文を静かに唱えたと伝わっている。メルゼブルクの呪文を唱える際は儀式も挙げられていた可能性があるが、残念ながらそうした情報は失われてしまった。

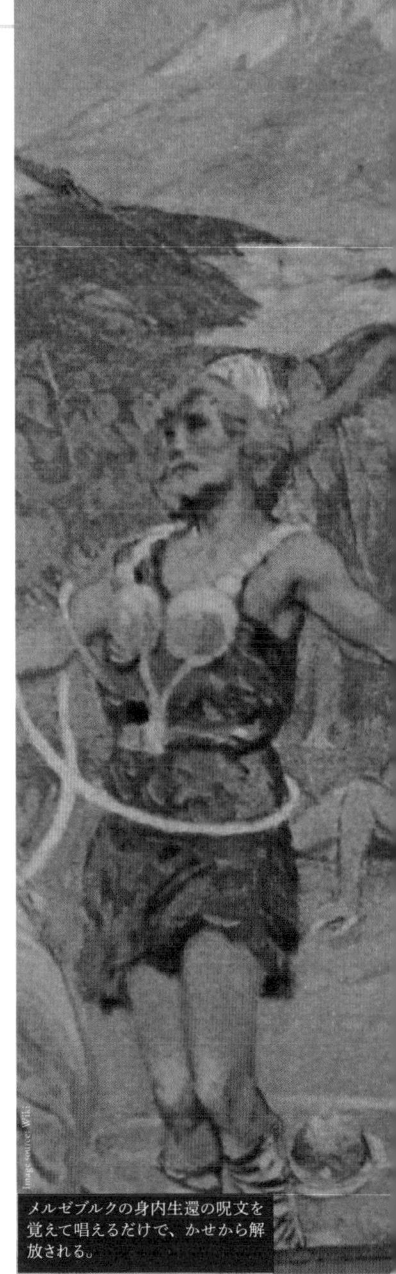

メルゼブルクの身内生還の呪文を覚えて唱えるだけで、かせから解放される。

「このふたつの
呪文は、失われた
呪術の伝承を完全な形
で伝えている」

ふたつのメルゼブルクの呪文は現存する唯一の古高ドイツ語の呪文で、一枚の上質皮紙に綴られている。

Image source: Wiki

呪文のひとつは類感呪術に似ており、馬のけがを治した神ヴォーダンに馬の治癒を乞う。

Image source: Wiki

アングロ・サクソンの踏韻呪文は、ウォウドゥンなどゲルマンの異教の神々とイエスの両方に加護を祈る。

呪文に関する私たちの知識は、９世紀頃の『バルドの医書（*Bald's Leechbook*）』のような、奇跡的に現存するもろい写本に多くを負っている。

ANGLO-SAXON METRICAL CHARMS

アングロ・サクソンの踏韻呪文

「こぶを治したり、ハチの群れから身を守ったり、
アングロ・サクソン人は呪文であらゆることに対処していた」

ベン・ガジュール

アングロ・サクソン人は、言葉が力をもつ詩的な世界に生きていた。ハチミツ酒を題材に詩を紡ぐ人は尊敬を集め、大きな影響力をもつことさえあった。詩人は世界を変える力をもっていたのだ。

現存する当時のわずかな写本には、古英語で詩形式の呪文が記録されている。当時の実践的医療知識を記録した『ラクヌンガ（*The Lacnunga*）』や『バルドの医書』などの9 - 10世紀の医学書にも、呪文が掲載されている。当時の医学とは、効果を発揮するのに超自然の力を必要とする文書化された医療だった。

時代を生き抜いて現存する踏韻呪文はわずかだが、当時は牧草地の祝福、迷い牛探し、「ドワーフに対抗する呪文」など、様々な場面で使われた。呪文からは、人々が現在とはまったく異なる世界に生きていたことがうかがえる。

当時、ブリトン人はほぼキリスト教化されていたが、呪文にはアングロ・サクソンやゲルマンの神話とのつながりが見られる。「九つの薬草の呪文」は解毒を促すイラクサ、感染症に効くヨモギなど九つの薬草の使い方を紹介しており、これらの薬草がいかに治癒力をもつに至ったかについて説明している。

*「蛇が這（は）ってきて、ある男を噛んだ
ウォウドゥンは九つの栄光の枝を取り
蛇を打つと、蛇は九つに砕かれた」*

文書にはゲルマンの万神の神ウォウドゥンの名が記されてはいるが、「毒が（中略）人の世にもたらされても、ほかならぬキリストが病を制する」との一節もある。

多くの専門家は、イエス・キリストへの祈りはキリスト教徒の写本者が加筆したか、異教の神々がことごとく危機に見舞われて消滅したことの暗示であると分析している。

**「こぶの呪文」では
こぶの上に葉を乗せ
小さくなって消えよと
命じて治す**

これら踏韻呪文の効果は抜群とされ、静かに唱える祈りとは違って、はっきりと声に出して唱えられていた。

唱え方が詳細に記された呪文もある。呪文には話すものと歌うものがあり、いずれも口語体で記されている。このことから呪文を唱えていたのは少数の知識人ではなく市井の人々だと考えられ、彼らがどのようなことに関心を向けていたかがわかる。

こうした詩や呪文は意味のないむだな文章と考えられがちだが、ある科学者グループが「九つの薬草の呪文」に書かれている治療法を試してみたところ、メチシリン耐性黄色ブドウ球菌に効果があることがわかった。ただし研究者たちが実験中に詩を唱えたかどうかはわからない。

アングロ・サクソンの呪文は詩的で、声に出して唱えたり歌ったりするのにぴったりだった。

THE CARMINA GADELICA
カルミナ・ガデリカ

「スコットランドのゲール人に伝わる知恵には、
あらゆる事態に対処する呪文が収められている。
だがそれ以上の意味もあるのではないだろうか」

ベン・ガジュール

「牛の乳を搾る乙女はたくさん乳が出るようにと
『光のマリア』を歌う」

収税吏兼アマチュア民俗学者のアレキサンダー・カーマイケルは、故郷スコットランドの伝統が失われつつあることに危機を感じ、1860年以降、50年かけて消滅に瀕したあらゆるものを収集した。出張で訪れたハイランドとアウター・ヘブリディーズでは、ゲール人コミュニティに足を運び、民話、呪文、詩、祝祷、祈祷を集めた。こうして得られた知識は、『カルミナ・ガデリカ（ゲール賛歌、*The Carmina Gadelica*）』と題した2巻の本にまとめられた。

彼は出会った人々への愛情と共感を込めて、「見目は感じよく、勇敢に苦難に耐え、知るに快き人々」とたたえ、民衆に伝わる知恵を数百冊ものノートにぎっしりと書きとめた。『カルミナ・ガデリカ』は最終的に6巻に達し、後継者たちは彼の発見を発表し続けた。

カーマイケルが記録した祈祷の多くは、イエスへの祈りの形式を取っており、ヴィクトリア朝のあら捜し好きな潔癖主義者たちからも非難を浴びることはなかった。たとえば「就寝の祈祷」は次のような句だ。

「今宵、私は神と横になります。
今宵、神は私と横になります。
今宵、私は罪とは横にならず、
罪も罪の影も私と横になりません」

しかし、なかには伝統的なキリスト教の教えを逸脱したような儀式や句もある。牛の乳を搾る乙女はたくさん乳が出るようにと「光のマリア」を歌い、漁師は投錨する前に神の名を唱えながら船に水をまき、707度オールを漕ぐ。多くの人にとって、こうした行為も同書に記されている呪文も、さほど迷信じみているようには見えなかった。

黄疸（おうだん）のための呪文は、ありとあらゆる病に去れと命じるリズミカルな詩で、神は登場しない。呪文を成就させるには、治療者は患者に、赤く熱した金属が背中に押しつけられているとの感覚を起こさせねばならない。また、口にするだけで成就する呪文、異教とキリスト教が縦横に交じりあった呪文もあった。

『カルミナ・ガデリカ』の呪文はすべて原語であるゲール語で記されており、読者はそれらが実際にどのように話されていたのか、どのような意図が込められていたのかを実感できる。カーマイケルは、どこで何を発見したかを正確に記録した。彼が事実を歪曲していると批判したり、彼の研究に手を加えたりする者がいたためだ。現在では彼の記した全ノートはインターネットで閲覧可能で、ノートと刊行物を比較することができる。

ヨーゼフ・アントン・コッホ《マクベスと魔女たち》（部分）1829-30年。スコットランドの荒地は魔力を秘めていると信じられていたため、多くの呪術文化が発見されても世間は驚かなかった。

Theory

理論

88
56
84
58

MAKING MAGIC
呪術をかける

**「呪術はどのように効果を発揮するのか？
予兆、シンボル、照応、呪文に目を向け、
それらがいかに魔力を高めるのかを探ってみるがよい」**

エイプリル・マッデン

呪文を使う呪術師は、結びつきを象徴する言語が願望を強固にし、儀式の効果を発揮させると考える。彼らは呪文を唱えるのにベストなタイミングを探るが、これは季節、十二星座、特定の祝祭、月相、時間帯、天候に基づいている。さらに特定の概念と共鳴する（と彼らが考える）植物、水晶、香、キャンドル、色などのモノやシンボルも使われる。これらは「照応」と呼ばれ、何世紀もかけて様々な呪術において確立した。

照応を用いる呪術は「類感呪術」と呼ばれ、「類は友を呼ぶ」を原則とする。たとえば水は古くから浄化と結びつけられ、呪術では霊的な浄め、順化に用いられる。これは非常にわかりやすい例だが、わかりにくい照応もある。数百年も前から、儀式呪術師や錬金術師たちはエメラルドと金星とを結びつけて考えてきた。金星はおうし座を司る星であるため、一部の呪術ではエメラルドはおうし座の誕生石とされている。金星（ヴィーナス）は同名の女神ともつながっており、そのため様々な愛の女神とも関連している。こうしてエメラルド、おうし座、金星はロマンティックな愛という概念と結びつけられることになった。呪術師はこの結びつきを最大限に利用して、結果を達成した（と考えられた）ため、緑色は愛の呪術の色と考えられるようになった。ただし、誰もがエメラルドをもてるわけではない。類感呪術を行う者は、概念の結びつきにより力が増し、その力によって呪術の効果が高まり、呪術師の意思を上まわるエネルギーが生まれると信じる。照応の働きは、賛否両論の研究者ルパート・シェルドレイクが唱えた「形態形成場仮説〔人やモノに起きたことがほかの人やモノに伝播するとの考え〕」の概念や、ある音符とコードの間につながりがあるように、特定の物質と色が特定の原理と調和したり共鳴したりするといった、より伝統的な錬金術的思考などを通して説明されることが多い。

類感呪術には「類似の法則」と「感染の法則」のふたつの原理がある

「類感呪術の原則は『類は友を呼ぶ』」

呪術は「象徴的要素」「適切なタイミング」「言葉」を緻密に組みあわせてはじめて、呪術をかける者の力を強めて望みを実現する。

Image source: Getty

「自分の意図を口に出すことで肯定し、現実のものとする」

科学的に意味のある照応もある。セイヨウシロヤナギの樹皮は特に痛みの緩和の呪術に使われることが多く、美の呪術でも肌を美しくするために用いられる。セイヨウシロヤナギは水やヒーリング、美と結びついている。これが照応だ。
医学分野では、19 世紀にセイヨウシロヤナギの成分が合成され、鎮痛剤アスピリンが発明された。美容分野では、嚢腫性ざ瘡の治療に使われるサリチル酸が生成された。現代では、セイヨウシロヤナギの呪術的照応はごく普通に応用されている。これを単なる偶然とする意見もあれば、祖先には私たちが考えるよりも豊富な薬学の知識があったとする説、あるいはこれこそが呪術なのだと唱える者もいる。
一方で、まったく無意味な照応もある。イタチの睾丸を首から下げる避妊法は絶対におすすめできない（ロマンティックなムードを邪魔することはあるかもしれないが）。この中世の呪術は、ギリシャ神話で英雄ヘラクレスの誕生時に女神ヘーラーとエイレイテュイアをだましたためにイタチに姿を変えられてしまったガランティス、冬に毛が白くなるイタチと純潔の結びつき、イタチが毒蛇を獲物にすることなど、様々な要因に由来すると考えられる。すべての照応に必ずしも意味があるわけではなく、民話と神話が交じりあった理解しがたいものもある。
料理にひとつまみの塩が不可欠なように、現代の視点から照応を見る際にも懐疑心を忘れないことが重要だ（ちなみに呪術では、「塩」は非常に重要な意味をもっている）。あとで紹介する照応表（p71）は、安全に使える現代的な内容だが、昔の呪術師はトリカブト、ベラドンナ、水銀など危険で死をも招きかねない物質を使って呪術を行っていた。よって決してまねをしないように！　呪術初心者は、リビングルームのテーブルに安心して置いておけないものには触らない方がよいだろう。愛の呪術の照応に話を戻すと、この呪術に使える植物は多々ある。たとえば有害で幻覚作用のあるシロバナヨウシュチョウセンアサガオよりも、甘くて食べることのできるアンズを使った方がずっとよい。いずれも金星、おうし座、エメラルドグリーン、すなわち愛と結びついているが、常識的に考えても、恋人を魅了したければ、有毒植物よりも心地よさをもたらす植物を使った方が成功率は高い。呪術師の中には「毒の道（ポイズン・パス）」を選ぶ者もおり、もっぱらヘレボルスのような有害植物を用いる。彼らはたいてい呪術師と同時に園芸の専門家であり、自分や他人の身を守るのに必要な危険への対処法を熟知している。照応表を見て知らないものがあれば、よく調べて安全に使えるかどうかを確認しよう。自分や呪術をかける相手にアレルギーがある場合も要注意だ。
呪術の照応用のアイテムを集めるのに、化学実験セットを購入したり生きものを傷つけたりする必要はない。最古の照応表の多くは錬金術に由

獲物を描いた先史時代の洞窟画と類感呪術の儀式には関連性があると主張する研究者もいる

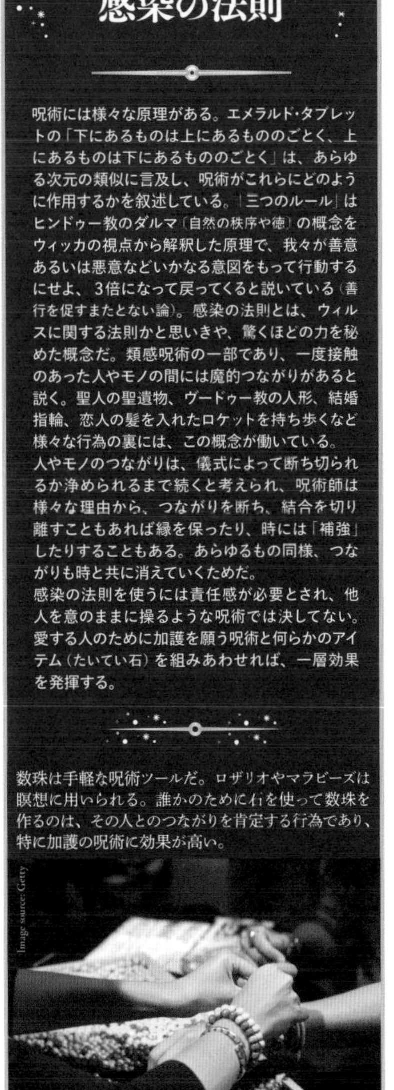

感染の法則

呪術には様々な原理がある。エメラルド・タブレットの「下にあるものは上にあるもののごとく、上にあるものは下にあるもののごとく」は、あらゆる次元の類似に言及し、呪術がこれらにどのように作用するかを叙述している。「三つのルール」はヒンドゥー教のダルマ（自然の秩序や徳）の概念をウィッカの視点から解釈した原理で、我々が善意あるいは悪意などいかなる意図をもって行動するにせよ、3倍になって戻ってくると説いている（善行を促すまたとない論）。感染の法則とは、ウィルスに関する法則かと思いきや、驚くほどの力を秘めた概念だ。類感呪術の一部であり、一度接触のあった人やモノの間には魔的つながりがあると説く。聖人の聖遺物、ヴードゥー教の人形、結婚指輪、恋人の髪を入れたロケットを持ち歩くなど様々な行為の裏には、この概念が働いている。
人やモノのつながりは、儀式によって断ち切られるか浄められるまで続くと考えられ、呪術師は様々な理由から、つながりを断ち、結合を切り離すこともあれば縁を保ったり、時には「補強」したりすることもある。あらゆるもの同様、つながりも時と共に消えていくためだ。
感染の法則を使うには責任感が必要とされ、他人を意のままに操るような呪術では決してない。愛する人のために加護を願う呪術と何らかのアイテム（たいてい石）を組みあわせれば、一層効果を発揮する。

数珠は手軽な呪術ツールだ。ロザリオやマラビーズは瞑想に用いられる。誰かのために石を使って数珠を作るのは、その人とのつながりを肯定する行為であり、特に加護の呪術に効果が高い。

Image source: Getty

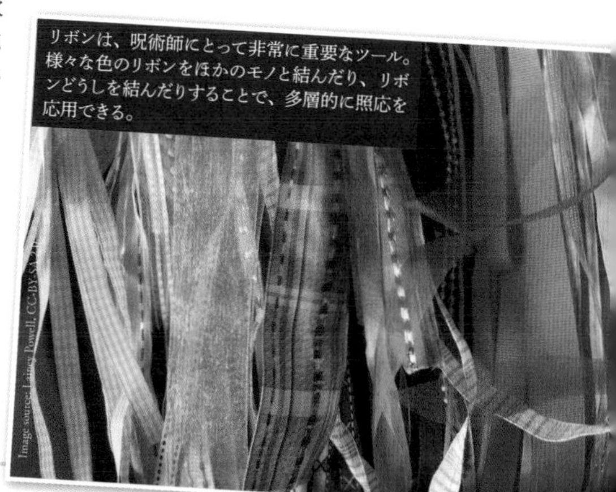

リボンは、呪術師にとって非常に重要なツール。様々な色のリボンをほかのモノと結んだり、リボンどうしを結んだりすることで、多層的に照応を応用できる。

Image source: Laima Powell, CC-BY-SA

アンズは、その照応から愛の呪術で特別な力を発揮する。生でも乾燥していてもアンズとその果汁には穏やかな催淫効果があり、樹皮、花、葉は香りになる。杏仁は愛を呼び寄せ、エッセンシャルオイルは香水としても使われる。

来し、錬金術師たちは望み通りの結果をもたらしてくれそうなものを文字通り片端から利用した（理にかなっている場合もある。たとえば人間の尿は錬金術の実験に最適な酸性物質だが、動物の尿はそうではない）。動物の骨を用いる呪術師もいるが、動物を殺しているわけでも、誰かの大切なペットの骨を使っているわけでもないので心配は無用だ。彼らは野に出て野生動物の遺骸の骨を拾い、これを使う許しを動物の霊に乞う。この点については賛否両論あり、初心者にはおすすめできない。だが、これからかける呪術にどうしても動物の骨が必要だと感じるなら、サンデーローストのウィッシュボーン〔サンデーローストはイギリスで日曜日に食べるロースト肉。食後に残った叉骨（きこつ）を引っ張りあい、折れた時に長い方を取った者の願いごとがかなえられる。この骨をウィッシュボーンという〕をきれいにして使うか、専門店で化石を購入すれば繰り返し使える。

呪術で効果を大きく期待できるツールのひとつがリボンだ。リボンのカラーバリエーションは無限で、あらゆる照応色が見つかる。モノに巻きつけられるので、愛の呪術のためのグリーンキャンドルがなくても、白い普通のロウソクにグリーンのリボンを巻いて代用できる（もちろん火が燃え移らないように注意しよう）。溶けたワックスに押しつけて瓶や封筒を封印したり、植物の誘引に使ったり、そっとポケットにリボンチャームをしのばせたり、ブレスレットにして常に身につけたり、祭壇や儀式の空間を飾ったりと使い方は様々。照応を使った呪術に慣れてきたら、２色以上のリボンを編んで、呪術により複雑な響きを引き寄せることも可能だ。

呪文も照応と同じ働きをする。古代ギリシャ統治時代のエジプトで「野蛮なる名」と呼ばれた無意味な響きの古い呪文は、音として（適切な調子で唱えることが条件）あるいは言語として（古代言語を用いる）、はたまた響きとして（繰り返し使われることでさらなる力を得るため）効果を発揮すると信じられていた。とはいえ、どんなに単純な言葉でも口にするだけで効果がある。願いを明瞭に、できれば美しく詩的な調子で声に出すことで、これを確言し、世に出し、実現させることができるからだ。言葉の「呪術」は目くらまし、魅惑、魔的現実へのシフトを意味するとも言える。何かあるいは誰かに呪術をかけられると、夢の中にいるような状態になる。「エンチャントメント」という言葉は、文字通りには「詠唱する」「リズミカルに声に出す」ことを意味する。人は呪術をかける（エンチャント）時、呪文を唱えているのだ。英語で呪文を指す「スペル」「インカンテーション」のうち、後者は「歌う」を意味するラテン語に由来する。古ノルド語の「ガルドル」は、発話したり歌われたりする呪術だ。英語の「ナイチンゲール（サヨナキドリ）」の語源でもあり、鳥の美しい鳴き声に寄せて「夜の呪文」を意味する。

呪文の言葉を照応をもとに選んだモノと組みあわせると、自分だけの調合が生まれ、願望を増幅させ、強める。言葉やモノ自体に魔的な力があるのか、あるいは単に象徴的に調和して呪術師自身の力を強めるのかは個人の考え方次第だが、究極的には呪文が効果を発揮するのに必要なのは、信じる力（と物事を動かすための少々の勢いづけ）だ。

呪術のアイテムとしては、生や乾燥させた植物、様々な色のキャンドル、水晶、象徴的なデザインなどが挙げられる。照応表から目的の呪術と共鳴するアイテムを見つけよう。

バーベナは、ドルイドにより聖別されたハーブであり、多方面にわたって照応や魔的つながりを増幅させると考えられている。

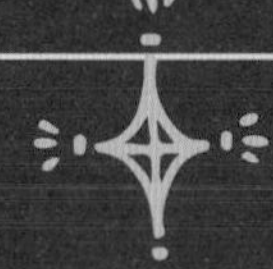

THE FOUR ELEMENTS
四大元素

「あらゆるものを元素に還元する呪術の考え方は、
古代を起源とする概念であり、大きな影響力をもっている」

ポール・ウォーカー＝エミグ

地と、大気、水、火。四大元素を知っている人は多いだろう。現代文化にも深く根づいていることからも、古代にさかのぼるこの概念の影響力のほどがうかがえる。

元素の概念は、多くの哲学、原始科学文化、とりわけ古代ギリシャ文明に見られる。哲学者エンペドクレスは、紀元前450年頃に四大元素に基づいた理論を打ち立て、すべてはこの四つのルーツに還元されると論じた。のちにアリストテレスは、この論を推し進めてそれぞれの元素に温かさと乾燥度を付し、大気は暖かく湿っていて、火は熱く乾燥しており、水は冷たく湿っていて、地は冷たく乾燥していると主張した。後世の錬金術師たちもこの概念を受け入れ、現代呪術の基礎となった。

留意すべきは、この概念を発展させた古代ギリシャ人や多くの錬金術師たちは、現代の私たちが鉛や水素を観察する時のように化学の目を通して元素を見ていたわけではないことだ。四大元素はモノ自体というよりそのモノがもつ性質を叙述するのであって、必ずしも字義通りに把握されるわけではない。この概念は強力な哲学的、寓意的、生理学的構成要素を内包し、錬金術史を通して利用された。錬金術師たちはこの概念をより文学的、神秘学的に捉えて発展させ、これが現代呪術につながっていくことになる。

ウィッカの理論では
第五の要素が加わり、
スピリット、エーテル、
アカシャなどと呼ばれる

イスラム教徒の高名な錬金術師ジャービル・イブン・ハイヤーンは、各金属にはアリストテレスの唱えた特性のうちふたつの外部特性とふたつの内部特性があると論じた。鉛の外部特性は冷たく乾燥しており、金は暖かく湿っている。そのため、熱を加えられた水が気体に変わるのと同様に、冷たい特性を温かい特性に置き換えて元素の属性を配置し直すことで、ある金属を別の金属に変えることができるというのが彼の主張だ。必然的に彼の関心は実験に向けられ、元素の特性の操作法、そこから発展した錬金術法を模索した。イブン・ハイヤーンの思想や業績は、錬金術に強烈な影響を及ぼした。

四大元素を、基礎的、根源的構成要素と捉え、宇宙がここから生まれたとする概念は、中世ヨーロッパの錬金術の特徴のひとつだが、同時に強力な精神的暗示も含んでいた。13世紀、錬金術師たちは共通して、金属の操作法を発見すれば、これを応用して人間の魂を浄め、神性と結合させることができると信じたのだった。

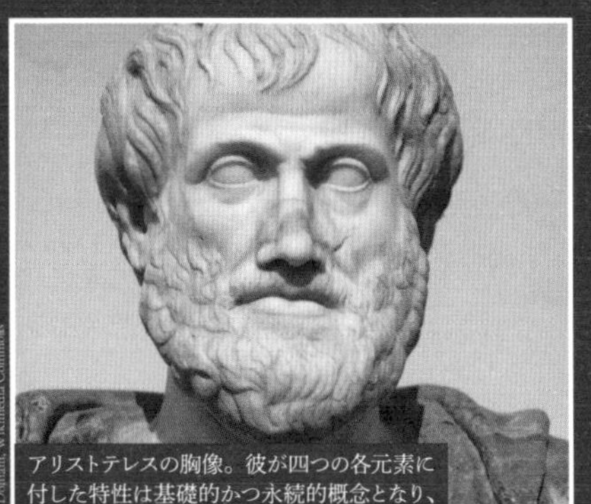
アリストテレスの胸像。彼が四つの各元素に付した特性は基礎的かつ永続的概念となり、錬金術史にとどまらず広く影響を及ぼした。

四大元素を表す錬金術の記号。左から火、水、大気、地。

IGNIS
Acutus. Tenuis.
ac Mobilis
AQUA
crassa. Mobi=
. et Obtusa.
AER
Mobilis. Acu=
tus. Crassus
TERRA
Crassa. Ob=
tusa. et Immobilis

地の精霊あるいはノームは小柄で内気。現代技術を警戒していると考えられるが、イギリスの民話に登場する家を浄めるホブ（小鬼）のように友好的な者もいる。

ロシアの伝説には地下の神が登場する。マラカイトの乙女、銅山の女主人、ストーンマザーと呼ばれ、聖なる山の秘密の地下王国に住み、鉱夫たちを見守っていると信じられた。

THE LORE OF EARTH
地をめぐる伝承

「地は成長、自然、生命の源であると同時に、闇、静寂、死の領域でもある」

エイプリル・マッデン

地は古くから伝わる四大元素の最初の元素であり、北の方角、そしてあらゆる物質的、物理的なものと結びついている。地上の現実的な要素であり、文字通り「地に足がついて」いるが、神秘的なものを含まないわけではない。地はその内に生の約束と死の確実性を秘めている。春の芽吹き、みずみずしい果実、実りと同時に、冬の寒さ、不毛、生気の消失を内包している。ギリシャ神話はしばしば、この二元性を春の女神ペルセポネと冥界の神ハデスで象徴した。英語では、大地に結びついた神々をクトニオス的と形容する。字義的には「地下」を指すが、特に冥界と関係する神々を表す時に使われる言葉でもある。地上で成長する植物の神でさえ、そのルーツは地下にある。たとえば、ブドウ酒の神ディオニュソスは自由に地下と地上を行き来して、すでに死者となった、あるいはまだ生きている友人や家族のもとを訪ねる。

大地の自然は二元性に満ちている。錬金術師たちは、地は冷たく乾燥していると考え、のちにニュートンが万有引力の法則を確立するまで、万物は「地を満たす」ために落ちるのだと論じた。大地は秋、そして憂愁とも結びついているが、同時に金属や原石の形をした物質的豊かさともつながりがある。黄泉の神ハデスは、「富」を意味するプルトン（のちのローマ時代ではプルート）とも呼ばれる。地は死の王国だが、種や球根、果物や果実は地の闇から外へ向かって伸びる。そのため地はしばしば育みの母の概念で表され、呪術では、塩に象徴される。16世紀スイスの錬金術師パラケルススは、地の元素の象徴としてノーム（gnomes）の概念を提唱した（ラテン語で「地の住人」を意味する「gēnomos」の綴りを誤って表記したのかもしれない）。元素にはじめて名前をつけたパラケルススによれば、こうした生きもの自身はすでに昔から伝説を通してよく知られていたという。ノームは身長60cmほどで、人間になつかず、地下社会にこもって生活し、地下を自由に動きまわり、人間が空気を吸うのと同じように地中で呼吸できる。パラケルススの描いた鉱山や山の住民は、神話や民話に登場する様々な小柄な地の生きものと密接に結びついている。スカンディナヴィアのダークエルフ、ドワーフ、『ペール・ギュント』のトロールの娘、オールド・マン・オブ・ザ・マウンテン〔アメリカにあった老人の横顔に見える形をした岩〕、イギリスのブラウニーやホブ、現代でも岩石庭園や池のほとりに群がるようにして飾られるガーデン・ノームなどもこれに含まれる。

ガイア、母なる大地、母なる自然。大地はしばしば人格化され、女神の概念で記される

エドゥアルド・チチャロ・アグエラ《ペルセポネ》（部分）1931年。地下から現れる春の女神ペルセポネ。横にいるのは彼女の母で穀物の女神デメテルと、友人で呪術を司る地下の女神ヘカテ。ペルセポネは母のいる地上の王国と、夫の冥界の神ハデスが支配する地下世界の両方で生きていると考えられた。

「地上で成長する植物の神でさえ、そのルーツは地下にある」

THE LORE OF AIR
大気をめぐる伝承

**「大気は風や満天の星に象徴され、
心、知、存在の軽やかさを表している」**

エイプリル・マッデン

大気は四大元素の第二の元素だ。現代の西洋の呪術体系は黄金の夜明け団の教義に基づいているが、その中で大気は日の昇る東と朝風、明るくて空気のように軽いあらゆるものと結びついている。古代ギリシャ人は大気をふたつの概念として捉えた。ひとつはアエル、もうひとつはエーテルだ。前者は下層大気で、雨、雲、霧、煙のせいで曇ることがある。後者は雲の上の明るく輝く天空だ。現代ではエーテルは、ペンタグラム（五芒星）により表される第五の元素、抽象的概念であるスピリットと結びつけられることもあり、大気の重要な特徴、可変性を表現している。大気は可変性の高い元素で、移ろいやすく予測不可能、不安定で、知性や魂の特性と結びついている。

大気に祈りを捧げる際は、流れに漂いやすい香を用いることが多い。古代ギリシャ人は、アエルを熱や湿気と結びつけ（暖かく湿った夏の風を想像すればわかるだろう）、朗らかで友好的で楽天的なパーソナルタイプに相当すると考えた。これとは対照的にエーテルは神聖で、不変で、神々しい。星がきらめく高遠な紺碧の空だ。地と同じく、大気も二元性を内包している。シュメール神話に出てくるエンリルは大気を司る神で、母である地と父である空を分けたため、ほかの神々が誕生した。このことから、彼は神の神と考えられ、その言葉は光の世界を出現させたと言われる。妻のニンリルはかつて穀物の種子の女神だった。エンリルとニンリルの結合は理論化され、風による受粉をテーマとする創成神話が成立した。大気の神々は必ずしも風と結びついているわけではないが、万神殿の頂点の座を占めることが多い。ギリシャ神話のゼウス（ローマ神話のユピテル）は、インド・ヨーロッパ祖語のディヤウシュ・ピトリ、あるいは空の父である雷神をルーツとしている。ただし風、大気、星、嵐の神々は男性だけではない。鏡で雷光を呼ぶ中国の電母（あるいはレイジ）、大気を司るギリシャのヘーラー、空を治めるエジプトのヌト。いずれも女神だ。

古代の人々は、上層大気であるエーテルは、星がちりばめられて回転する天球を構成する要素と考えた

パラケルススによれば、大気を司る精霊はシルフだが、語源はラテン語の木、またはギリシャ語の蛾と考えられる。あるいは「ニンフ」を意味する混成語との説もある。ヴィクトリア朝の古典的フェアリーの原型に近く、はかなく透き通っており、蝶の羽をもち、非物質的だが、大気のように時として激しい性格をむき出しにすることもある。軽やかでフワフワとしていても、必ずしも穏やかなわけではない。

「大気の神々は必ずしも風と結びついているわけではないが、万神殿の頂点の座を占めることが多い」

ドミニク・アングル《ユピテルとテティス》（部分）1811年。多くの文化で空を司る父なる神は、風や荒天の破壊的な力を象徴している。

ルネサンス時代の呪術では、大気の精霊は「シルフ」と呼ばれ、はかなく移ろいやすい性質を表していた。

古代ギリシャ人は、大気を「アエル」と呼ばれる下層大気と「エーテル」と呼ばれる天空のふたつの概念に分けて考えていた。

THE LORE OF FIRE
火をめぐる伝承

「火の元素は諸刃の剣だ。制御されているうちは暖かく、命を育むが、手に負えなくなると、荒々しくなり、命をも奪いかねない」

エイプリル・マッデン

古代の人々は、火は人間と動物とを分ける元素だと考えた。地、大気、水は私たちを取り巻き、私たちは常にその中を動いている。私たちの体の一部と言っても過言ではなく、空気と水はもちろん、地もアルカリ土類金属であるカルシウムが骨を形成している。一方、火は獰猛で、古来、火山の産物、落雷、異常なまでの乾燥として考えられた。人間がこれを手なずけ、のちに火をおこせるようになったことは、人類史上きわめて重要かつ画期的な転機であり、多くの文化でこれに関連する神話が見られる。

聖なる炎の概念は古代の様々な宗教に見られる。特筆すべきは、ゾロアスター教とローマの異教だ。ローマ人は炉の女神ウェスタを信仰し、その神殿では火が絶え間なく燃やされた。これはより現実的な禁忌の遺風とも考えられる。火は家の中を暖めたり、明るくしたり、調理したりするのに必要不可欠だが、火おこしができず、野火しか使えないとなれば、当然、炎を絶やさず、常に燃やしておかねばならない。

世界各地の多くの神話には、「火泥棒」をモチーフとした話が伝わっている。何らかの存在が、神々が隠しておいた炎を奪い、人間に与えるという内容だ。この「存在」は、ギリシャ神話ではティーターン神族のプロメテウスであり、ヒンドゥー教の『リグ・ヴェーダ』ではマータリシュヴァンだ。ネイティブアメリカンや先住民族の神話では、様々な動物のアーキタイプが火泥棒とされ、部族により異なるが、主にウサギ、カラス、スパイダー・グランドマザー〔伝説のクモ〕が挙げられる。初期キリスト教徒の間で読まれた『エノク書（Book of Enoch）』で人間に火を与えるのは堕天使アザゼルだ。ノルウェー神話では、神ロキが鷲に変身したスィアチ（ティアシ）に出会い、火のおこし方を学んだという。火を盗む神々はたいていトリックスター〔いたずら好きで悪さをするキャラクター〕であり、火そのものの性質を表している。すなわち親しみやすく、命を育み、温める一方で、混沌として、獰猛で、命を奪う性質だ。ほかの元素とは違い、生物は火の中では生きられないが、オカルト主義者パラケルススは、イモリ類〔サラマンダー〕は別だと唱えた。この説は秘教に大きな影響を及ぼし、現代に至るまでサラマンダーは火の精霊とされている。

錬金術において炎は欲望の象徴。これは肉体的魅力だけでなく、成功を目指す強い意思をも指す

火の利用は人類の文化に計り知れない影響を及ぼした。炎は強さ、力、情熱、エネルギー、光、熱、文明を象徴する。火打石で火花を散らして炎に祈ったり、火花で火をつけたりする行為は、私たちの祖先がはじめて実現した真の呪術かもしれない。

Image source: Wiki

ギリシャ神話のティーターン神族プロメテウスは、人間に火を与えたために罰されたが、英雄ヘラクレスにより解放された。

Image source: Wiki

ペレは溶岩と火山を司るハワイの女神。キリスト教が入ってきても、ペレ信仰は絶えることなく、火山の爆発を警告すると信じられている。

THE LORE OF WATER
水をめぐる伝承

マナナン・マクリルはアイルランドの海の神。

「水は生命、清浄、癒しのシンボルだ。しかし多くの物語には、罪なき人々に怒りを爆発させる恐ろしい海の怪物が登場する」

レベッカ・グレイグ

四大元素で最も生命と親和性の高い元素が水だ。生命維持に不可欠で、ヒーリング、清浄、純化に用いられる。

水の精に関する民話は多くの文化に見られる。ギリシャの水の精霊は「ナイアス」と呼ばれ、泉や小川を司る。古代ローマ人の信仰したカメーナエはナイアスに近いが、そのほか多くの文化にも固有の水の精霊がいる。共工(きょうこう)、スィール、マナナン・マクリル、ニョルド、ネプチューン、ナマカはその一例だ。

イギリス民話によれば、多くの小川や井戸には水の精が宿っており、銀の破片を聖水に投げて、その場を司る神や女神に供えものをする習慣が生まれたという。

スコットランド沿岸の島々には、海にまつわる多くの伝説が伝わる。スコットランド近辺、ルイス島とシアント諸島間、ミンチ海峡の水中洞窟には、「ブルーメン（ミンチの青い男たち）」と呼ばれる海の異形が住むと言われる。人間のような姿をした青い生きもので、船の横を泳ぎ、嵐を起こしたり、水夫を海に引きずり込んだりして、船を破壊しようとする。船長は船を守るために、ブルーメンの出す謎を解かねばならない。

ケルト民話のケルピーと呼ばれる水馬は、スコットランドやアイルランドの海岸や岸辺をうろついている。スカンディナヴィア民話にも、これと似た水馬ベカヘストが登場する。言い伝えによれば、霧が出ると川辺にベカヘストが姿を現し、馬に乗った者は決して降りられず、馬は水に飛び込んで乗っている者を溺死させるという。

イギリスのコークシャーに伝わる民話に登場するグリンディロー（あるいはグリンデロー）は、『ハリー・ポッター』に出てくる異形のモデルになった。大人は子どもたちが水辺で遊ばないように、「長い爪をした怪物がお前を水の中に引きずり込んで溺れさせてしまうよ」と言い聞かせていた。

イギリスでは、衣類や食器を洗う時に水をまき散らす女性は、呪いをかけられて、夫が酒飲みになってしまうと言われ、井戸や泉から戻ってくる時にバケツから水がこぼれるのは、縁起が悪いとされた。

ジョン・ウィリアム・ウォーターハウス《ナイアス》(部分) 1893年。水にまつわる精霊や神々は様々な文化に登場する。

スカンディナヴィア民話に登場するフォッセグリムは滝の精霊。音楽の才能があると言われる。

水にはありとあらゆる怪物や異形が宿ると考えられている。

THE MAGIC OF THE STARS
星の呪術

「占星術は、呪術をかけるのに最適なタイミングを選んだり、護符にこの世のものならぬ力を付したりと、信じられないほど深い影響を呪術に及ぼしている」

エイプリル・マッデン

十二宮図は強力な呪術のツールだ。各星座が四大元素のひとつに結びついていることから、ある月における優勢なエネルギーを簡単に調べられるだけでなく、呪術をかける本人や相手に応じた呪術を行うための、あるいは効果を高めるための最適なタイミングを正確に把握できる。

中国やインドの占星術ではいくつもの十二星座や難解な計算式を使って、結婚、試験、祝事などに最適のタイミングを決めるが、西洋占星術はそこまで複雑ではない。ヒンドゥー教の占星術は細分化されているので、生まれた日時と場所に応じて、瞑想のためのビージャマントラ〔1音節からなる短いマントラ〕をカスタマイズすることができる。

誕生宮、月星座、上昇宮は、呪術に有効な占星術要素

バビロニア、古代ギリシャ、アラビアの理論をベースにした西洋占星術は強力なツールだが、習得はさほど難しくない。現代では幸運なことに、天体についての完璧な知識がなくても、出生図を作成できる。たいていの人は自分の星座を知っているだろう。これは誕生宮とも呼ばれ、西洋占星術において、誕生時に太陽があった星座を指す。誕生宮に由来するそれぞれの基本的性格は広く知られているが、呪術にはそのほかの多様な占星術の要素が加味される。たとえばベヘニアン恒星は15の「固定した」星の集まりで、惑星、シンボル、原石、植物にさらなる力を付すと信じられている。平和や幸運などのポジティブなことを願う際に、ある特定のタイミングで恒星の力を護符に引き寄せられると信じる占星術師もいる。

月星座とは「生まれた時の月の星座」を意味しており、特に呪術で重要な働きをする。呪術をカスタマイズするには、呪術をかける時の月星座を知っておくことがポイントだ。さらに、呪術の目的にあった月星座と月相を正確に把握しておけば、さらなるエネルギーを引き寄せることもできる。

西洋占星術の十二星座は、古代ギリシャ人によるバビロニア占星術の解釈をもとにしている。

太陰暦において、満月は超能力や勘が最も強力になる絶頂期とされている。

FULL MOON, ESBATS AND MAGIC
満月、エスバト、呪術

「月は呪術で非常に重要な役割を担うことがある。
伝統的に多くの文化では、月には呪術を左右し、
強める力があると信じられてきた」

ディー・ディー・チャイニー

現代の異教の多くは、月のサイクルを基礎としている。各月相には固有のエネルギーがあり、満月から新月までの月は欠けてゆき、この時期に清浄や沈思をしたり、古きを一掃したりするなどお祓いの呪術を行うことが多い。これとは対照的に新月から満月までの月が満ちる時期は、成長、新たな可能性、計画実行に向いている。

満月は月が超強力な魔力をもつ時期だ。月の力が最大になり、物事が明らかになる啓蒙の時であり、上弦呪術が成果をもたらし、効果を発揮する。多くの現代異教徒は、月を女神のシンボルと考える。

昔から異教徒たちは月に1度、満月の宵に集まり、満月への信仰を確かめあっていた。これを「エスバト」と呼ぶ。ウィッカのグループの場合、この集まりは魔女集会と見なされる。こうした集まりはたいてい戸外の自然の中で開かれるが、都市に住むグループは家や地域の集会所、はたまたパブのようなところでも集まり、孤立した異教徒は戸外や自宅で個人的に儀式を挙げる。ドルイドはエスバトを開かず、満月の集会も独特だ。新月の時期に集まるドルイドもいるが、満月信仰はより広く普及している。ただし、満月の象徴するものは異なっており、満月の礼拝はより個人的で、サバトよりも儀式色は薄い。サバトで祝われるのは、形式的な一年の輪の各祭日だ。多くの異教徒は、一年に12-13度来る満月の晩を観察して、定期的に精神性と信仰を高める。

満月の夜、呪術師はしばしば円を描いて、保護された聖なる空間を作り、その中で儀式を挙げて霊や元素の精霊を立会人として呼び出し、儀式が終了すると円を消す。こうした意義深い儀式を通して、自然や神々に感謝が捧げられる。この時期を利用して、タロットカードやオラクルカードなどで翌月の運勢を占ったり、季節のテーマや満月について瞑想したりすることもある。満月の名称は、信仰や伝統により異なる。満月のエスバトでは、キャンドルを使った呪術などを行うが、清浄、ヒーリング、スピリチュアルなバランスや成長にフォーカスしたものが多い。

上弦、満月、下弦は、乙女、母、老婆という女神の三重の面を表しているとの説もある。

Image source: Unsplash

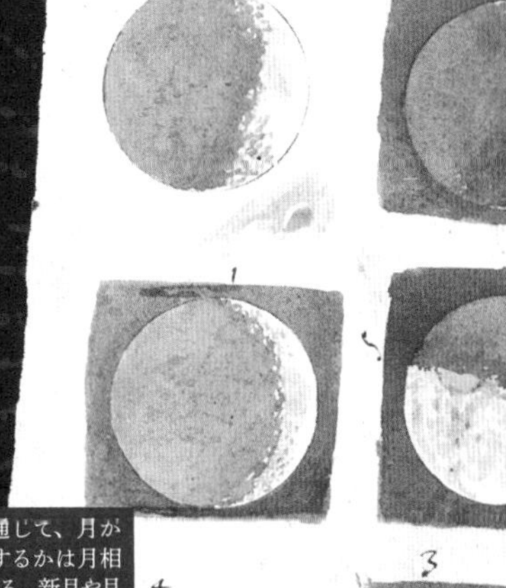

1か月を通じて、月が何を象徴するかは月相により変わる。新月や月食には、シンボル、礼拝、呪術的テーマなどが関係する。

Image source: Galileo Galilei

MOON PHASES
月相

月は呪術に影響を及ぼす。その力の引き寄せ方を見てみよう。

新月や上弦では、曲線が右側に現れ、夜ごと大きくなっていき、満月に達する。その後、右側から小さくなっていき、左側に曲線が移り、欠けていってついには見えなくなり、再び新たなサイクルがはじまる。曲線が右側から膨らんで半分以上見える月を「凸月」と呼び、曲線が左側に来てくぼんだ月を「凹月」と呼ぶ。今が月のどの時期に当たるかや、自分のいるところの夜（あるいは昼）の月の出入り時刻はインターネットで調べられるが、それよりも時々空を見あげてそのリズムを学んではどうだろう。確認しないでも月相がわかるようになるはずだ（月相専用のアプリもある）。ここでは各月の呼び名と呪術における意味を紹介しよう。

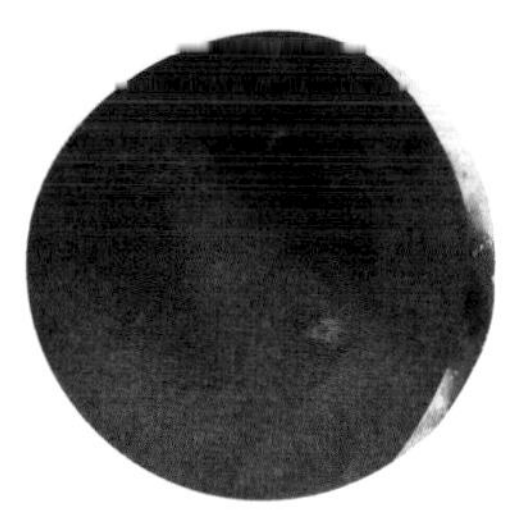

1

新月
健康増進（ヒーリング）

恋愛
植栽やガーデニング
創作活動
新しいスタート

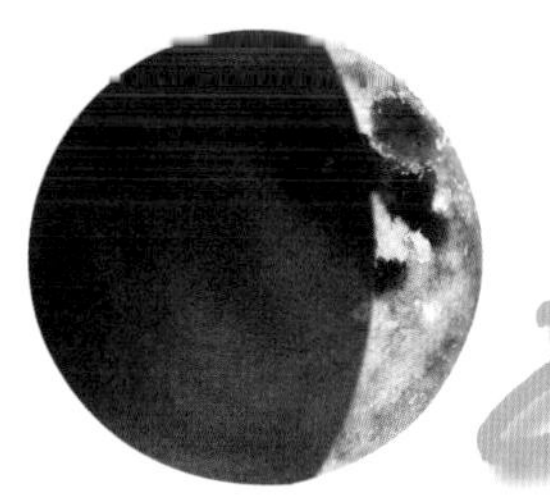

2

三日月
活動や発展

祝事
幸運
美
幸福

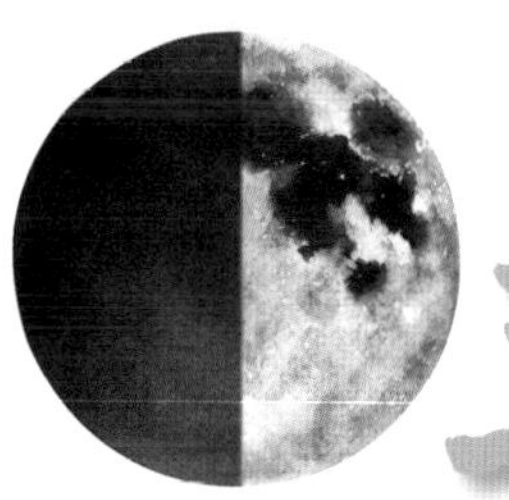

3

上弦の月
勇気、加護

誘惑
幸運
探し物
友情

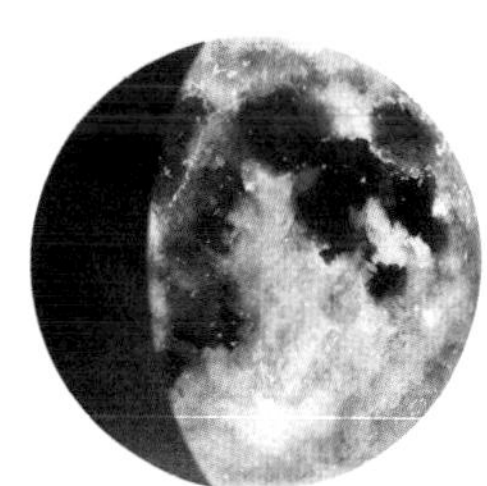

4

十三夜の月
調和

ヒーリング
モチベーション
勇気、加護
エネルギー上昇

月食
地球の影が月と太陽の間にくると皆既月食が起こり、月に当たるはずの陽光が遮られ、不気味な赤い色になる。前兆、予言、占いと結びつけられた現象で、数年ごとに起こる。

現代異教では、月食の時に呪術をかけてはいけないとする意見もあるが、こうした考え方は古代文書には見つからない。比較的新しい主張だ。

「満月は月が
超強力な魔力をもつ時。
啓蒙の時でもある」

ブルームーン

ブルームーンとは、暦月の2度目の満月を指す。また、メーン州のファーマーズ・アルマナック〔農業のための天文、気象情報が盛り込まれた暦〕では、一季節に4度やってくる満月の3度目を指す。稀な事象で、満月の呪術にさらなる月のエネルギーを引き寄せることができる。

5

満月

恋愛

ヒーリング
祝事
幸運
啓示や予言
豊穣

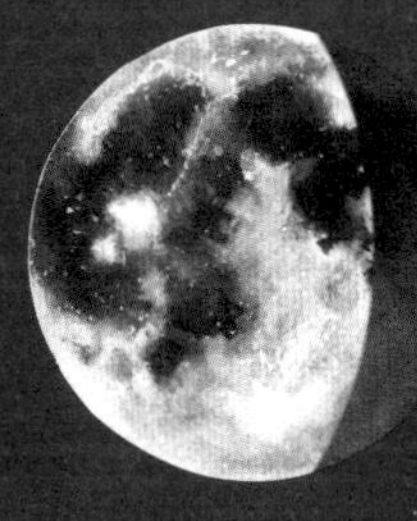

6

更待月（ふけまちづき）

加護

解放
ストレス軽減
魂の浄化
お祓い

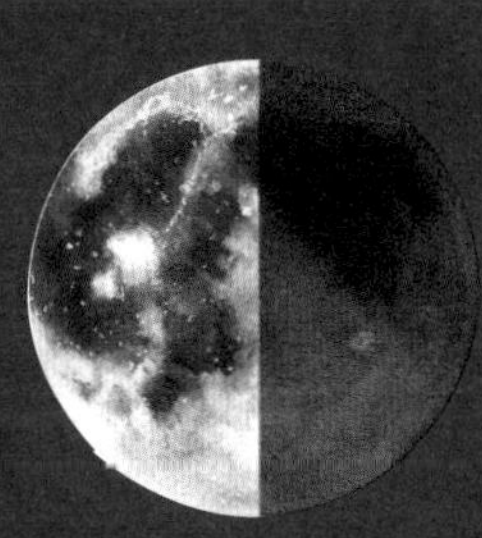

7

下弦の月

病気治癒（ヒーリング）

解放
儀式的な純化
加護
お祓い

8

有明月（ありあけづき）

お祓い

浄化や純化
加護
ストレス軽減
病気治療（ヒーリング）

9

新月

変化

仲直り
平和
啓示や予言
公平
ヒーリング

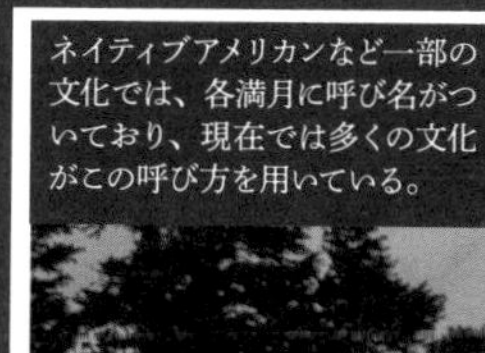

ネイティブアメリカンなど一部の文化では、各満月に呼び名がついており、現在では多くの文化がこの呼び方を用いている。

Image source: Getty

異教の女神、聖ブリギッド

聖ブリギッドはアイルランドの守護聖人のひとりで、キリスト教化以前の女神ブリギッドとつながっている。キリスト教化以前のアイルランドでは、ブリギッドが医学、手工業、家畜、聖なる井戸、炎を司っていた。ある時点で聖ブリギッドとブリギッドが融合し、女神のアトリビュート〔持物〕が聖人のアトリビュートになった。聖ブリギッドの聖なる井戸と永遠の炎は、異教徒のブリギッド崇拝でも存在していたと思われる。
聖ブリギッドへの祈祷と女神ブリギッドへの呼びかけに多くの共通点があるのは、さほど意外なことではない。2月1日は聖ブリギッドの祝日であると同時に、異教徒の女神ブリギッドのインボルクの祭日でもあり、それぞれに祈りを捧げるのに適した日だ。1735年に書かれた詩には、イグサで作った十字架を家にかけて聖ブリギッドに加護を願う儀式の様子が記されている。

「聖ブリギッドの十字架が
ドアにかけられ
火から家を守った
ギロが信じたように、
強力な護符が家を災いから守った
犬や召使が寝ている間も
ブリギッドは家を守り続けた」

キリスト教信仰にたびたび登場する聖人や神は、民間の呪術でも役割を担うようになった。

GODS, SAINTS AND SPELLCRAFT

神々、聖人、呪術

「宗教と呪術が組みあわさると、
驚くような結果が引き起こされることがあるが、
すべての宗教には、呪術へと至る道があるように思われる」

ベン・ガジュール

宗教と呪術は一見しばしばとても似ていて、いずれも従来の合理性や科学から逸脱している。ミサで聖なるパンがキリストの肉体になるのは呪術だろうか。現代のカトリック教徒なら、呪術と奇蹟には接点がないとしてこれを否定するだろう。だが歴史上、正統派信者を自認しながら、聖人、神、霊などの力に頼って呪術を用いた者は決して少なくなかったはずだ。

中世の呪術の多くは、異教の神々とキリスト教の聖人の両方を対象としており両者のシンボルは非常に似ている

宗教と呪術

祈り同様、呪術も発話や思考を宇宙の変化に転換させる手段だ。祈りを信じる者も呪術を信じる者も、適切な手法と意思があれば、私たちが知っている宇宙の法則が一時停止して、望みがかなえられると考える。古代ギリシャ・ローマでは、祈祷はたいてい入念な儀式と一対になっていた。一言でも言いまちがえたり、重要な手順を飛ばしたりすれば、願いはかなえられない。ヨーロッパ史を形成したこの時代、呪術と宗教は一体となり、密接につながっていた。ローマ人、ギリシャ人、エジプト人にとって、神々への祈りは個人的な事柄ではなかった。ふたつの車輪と2頭の牛を盗まれたバースのホノラトゥスは、鉛板に神メルクリウスへの祈りを記して水にひたす儀式を挙げ、盗人への罰を願った。盗まれたものが返ってくるまで、「この悪事を働いた者が健やかに過ごすことを許さず、横になったりすわったり、飲んだり食べたりできなくなりますように」と。古代世界には、私たちが想像するような信仰を導くための聖典はなかったため、宗教はより流動的で、民間の知恵の影響を大きく受けていた。

啓典の宗教〔ユダヤ教、キリスト教、イスラム教〕が勃興しても、宗教における呪術の利用は続いた。エジプトの砂漠で見つかったギリシャ語呪術パピルスは、学者の間で「ヤコブの祈り」として知られる文書の断片で、様々な呪術の隠喩や聖書のテーマが取りあげられ、ギリシャ語で「主よ、我に知を与えたまえ、力を授けたまえ」と唱える一方、ヘブライ語の呪文も記され、「ヤコブの祈りを北と東に向かって七度唱えよ」との指示がある。こうした指示は、祈祷よりも呪術によく見られる要素だ。文書では祈祷と呪術のそれぞれの特徴が入り交じっており、どちらに分類するか判断は難し

「祈り同様、呪術も発話や思考を宇宙の変化に転換させる手段だ」

Image source: Getty

ローマ時代の呪い板。鉛板に書かれて泉にひたされ、敵への復讐を神に願っていた。

Image source: Wiki/ Creative Commons/ Mike Peel

い。第一千年紀、異教を崇拝していたヨーロッパは一夜にしてキリスト教化されたわけではなく、多くの地域で、イエスを信じる者と異教徒が共存していた。有名なバイキング、ヘルギが地ではイエスに祈り、海ではトールに祈っていたことはよく知られている。キリスト教徒にとって、いかなるものであれ異教の神への祈りは呪術であり、悪魔的な呪術に発展しうるものだった。だが人々が呪術を通して、異教の神とキリスト教の神の両方を崇拝していたことは明らかだ。

アングロ・サクソンの踏韻呪文は、10世紀に古英語で書かれた一連の呪術だ。そのひとつ「九つの薬草の呪文」には、様々な植物の利用法が記されている。それによれば、呪術における植物の効力は「病を圧倒するほかでもないイエス・キリスト」および、蛇を殺して植物を創造したゲルマンの神ウォウドゥンに由来する。この呪文はキリスト教徒の祈祷だろうか、あるいは異教徒の呪文だろうか。ユダヤのゴーレムからイスラムの錬金術まで、啓典の宗教はいずれも呪術と連動している。現代のイスラム教では、超自然的な力をもつと自称する者を白眼視する。しかし、かつてメフメト2世はコンスタンティノープルを包囲した時、攻撃の行方を占うため、占星術師や占い師を頼った。おそらくメフメト2世の希望を見越したのだろう。彼らは大勝利を予言した。予言に力づけられたイスラム軍は猛攻撃をしかけ、実際に首都を陥落させた。

イスラム世界は錬金術の一大中心地でもあった。錬金術に伴う自然についての秘教的研究は、しばしば呪術の世界と重なり、交わっていた。13世紀にアフマド・アル・ブーニーが著した呪術書は、神の99の名前を用いた護符やワードスクエア〔語方陣〕の作り方や、その魔的威力を解説し、大きな影響を及ぼした。

アングロ・サクソンのヒーリング呪術「アケルボット」ではキリスト教の神と母なる大地の両方に祈る

聖人と呪術

呪術の使い方を知りたいと思う者にとって、聖書は決して背中を押してくれるような書物ではなく、「魔法使い女は、これを生かしておいてはならない」「占いをする者、卜者（ぼくしゃ）、易者、魔法使い、呪文を唱える者、口寄せ、かんなぎ、死人に問うことをする者があってはならない。主はすべてこれらのことをする者を憎まれるからだ」といった意思をくじくような節が書かれている。だがほかの宗教の神々がいかに聖書に取り入れられたのか、信者がどのようにキリスト教の聖人に魔力を祈願していたのかは、興味をそそるテーマだ。

旧約聖書には様々な神が登場するが、たいてい悪魔として描かれている。ペリシテ人の神ダゴンは聖約の箱により打ち負かされたとされるが、のちの呪術でもまだその力が崇拝されていた。神の敵として聖書の中で最も知られているのはバアルだろう。バアルは古代の神で、イスラエルで

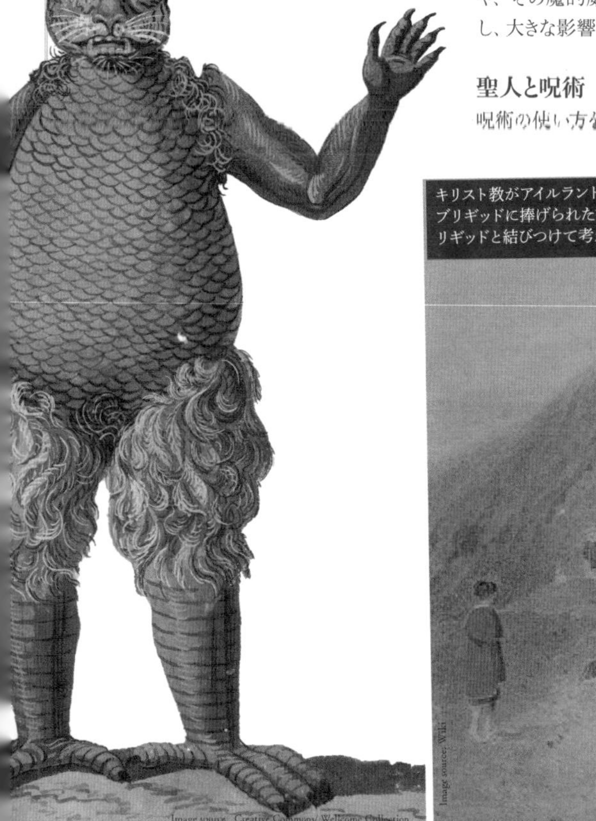

ある宗教の神は、ほかの宗教では悪魔とされることもある。神バアルをルーツとするベルゼブブは、魔女に力を与える存在と信じられた。

Image source: Creative Commons/ Wellcome Collection

キリスト教がアイルランドに持ち込まれると、かつてブリギッドに捧げられた古井戸や泉は、同名の聖ブリギッドと結びつけて考えられるようになった。

Image source: Wiki

アル・ブーニーをはじめとするイスラムの呪術師たちは、天体運動とアッラーの99の美名を結びつける表を確立した。

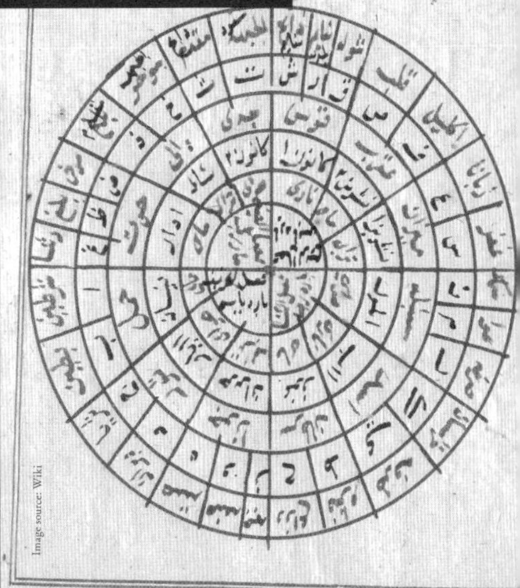

Image source: Wiki

は様々な機会に崇拝されていた。魅惑的な力をもっていたがゆえに、のちにキリスト教における恐ろしい悪魔、ベルゼブブへと変容を遂げたのかもしれない。歴史上、多くの魔女がこの神から力を得ていたと言われることからも、長年にわたる神々の競争は決着しなかったと考えられる。

もちろん、すべての古代の神々がほかの宗教で悪魔と見なされたわけではない。異教徒は限りなく柔軟で、新たな神々を喜んで受け入れ、呪術や祈りを通して頼った。キリスト教でさえ同様で、かつての聖なる場所に教会を建て、類似した祝祭を記念した。古き神々と新たな聖人を結びつけて生まれた新たな信仰は、異教徒にも受け入れやすかった。異教の女神ブリギッドとキリスト教の聖ブリギッドは、驚くほど似ているが、イエスの生涯と足跡でさえ、ミトラスなどの神々にまつわる話や、テュアナのアポロニオスなどの当時の聖人伝の影響を受けている。キリスト教の聖人が異教に似たやり方で崇められるのも当然だろう。

神の恩寵を求めるキリスト教徒にとって、聖人は心強い仲介者だ。カギをなくした者は全能の神の手を煩わせずとも、聖ジタに頼ればよい。この聖人に祈れば、なくしものの呪術と同じ効果が得られる。「マリア、ブリギッド、ミカエル、パウロ、ペテロ、ガブリエル、愛のヨハネよ。（中略）口内炎になりませんように」など、聖人に捧げる祈りは呪文に酷似している。

二重の役割を担う聖人もおり、魔力と聖性を兼ね備えている。サンスの聖コルンバは、ほうきや魔女の帽子と共に描かれることもあり、スペイン、ガリシア地方では魔女と魔法をかけられた人両方の守護者とされている。

体系とシンクレティズム〔混合主義〕

呪術体系において神、聖人、霊を考える時に参考となるのが、これらを存在としてだけではなく、シンボルとして考察する姿勢だ。呪術で守護聖人に祈りを捧げる際、聖人には聖性はあるが、祈りの対象は人間としての聖人ではなく、むしろ宇宙のある一面に働きかける力だ。こうした概念はシンクレティズムを促し、宗教を部分的に利用するのではなく、その力に働きかけることにつながる。私たちはそうした概念の意味を図像、イメージ、言葉による象徴を通して表現する。たとえば、「カブリニの母よ、カブリニの母よ、駐車スペースを見つけておくれ」と唱えながら駐車スペースを探す異教徒だ。この場合、ささやかな呪術は、本人が信じようと信じまいと、当然実現することになる。

呪術と宗教におけるシンクレティズムは現在でも進行中の現象だ。メキシコのカトリック教徒は死と守護者を人格化したサンタ・ムエルテを受け入れたが、カトリック教会の上層部は難色を示した。ハイチのヴードゥー教には、西アフリカの民間信仰、カトリック、ヨーロッパの神秘主義、先住民タイノ族の信仰などが交じっており、それぞれのロア〔精霊〕はカトリックの聖人と結びついている。一例を挙げると、レグバ〔ヴードゥー教の神のひとり〕はパドヴァの聖アントニオにゆかりがある。呪術におけるシンクレティズムが複雑な場合もある。レグバは交差路や人間と霊との交流を司るが、祈りを捧げる時には水を注ぐのがよいとされ、人間を真実に導くと信じられている。パドヴァの聖アントニオへの祈りも効果が高いと言われる。

Image source: Getty

BUILDING A SPELL
呪文を唱える

「呪術師や呪文を唱える者は、特定のものには
魔的なつながりがあり、これを利用して呪術の力を
強めることができると考える。私たちもその使い方を学んでみよう」

エイプリル・マッディ

呪術師たちが特定の植物、モノ、色、石に照応と呼ばれる概念的つながりがあると考えていることを取りあげたが、古来、人々は照応が呪文の力を高めると信じ、これを利用してきた。照応表は古代の錬金術師、のちのパラケルススやハインリヒ・コルネリウス・アグリッパなどの神秘主義者たちにより作成され、さらに中国やインドの医学知識も盛り込まれた。照応を参考にキーとなる材料やその働きを利用すれば、自分だけの呪文を作ることも可能だ。

最も古く一般的な照応としては、古代西洋占星術で伝統的に使われてきた七つの惑星が挙げられる。たとえば太陽と月だが（背景には天動説がある）、1781年に発見された天王星や1846年に発見された海王星はこれには含まれない。インターネットではこのふたつの惑星の照応も見つかるが、いずれも後世の呪術師たちによりつけ加えられたものだ。これに対し、伝統的な七つの惑星の照応は、ほぼ2000年以上使われてきた。各惑星には固有の有用性があり、表の「影響」の列に記されている。自分だけの呪文を作ったり、本書で紹介する呪術の力を強めたりカスタマイズしたりするには、自分の望みに最も近い「影響」を探して、関連する材料を用意する。呪術をかけるのに最適な時期を特定するには、現在と今後の十二星座の季節のほかに月相（および月星座）も考慮する必要がある。

インターネットには、
さらに詳細な照応表が
多数ある。
特にウィッチペディア*
は非常に参考になる

ここで紹介する植物のほとんどは食用になるが、フランキンセンス、ハナワラビ、イトスギ、数種のジャスミンは食用にならない。マツリカ〔*Jasminum sambac*〕は食用になるが、そのほかの種には毒を含むものがあるため、ジャスミン全般〔ソケイ属〕は食用にしない方が安全だ。また触っても害はないが、たとえばゴマアレルギーなどアレルギーのある場合は要注意だ。水星と土星に照応する金属（それぞれ水銀と鉛）はきわめて毒性が強く、触るのも摂取するのも危険なので、金属ではなく石で代用しよう。

「照応を参考にすれば、
自分だけの呪文を作ることも可能だ」

*https://magickalspot.com/witchipedia/（英語）

惑星	植物＆ハーブ	色	金属＆石	シンボル	影響
太陽	ひまわり、マリーゴールド、フランキンセンス、カモミール	ゴールド、赤、オレンジ、黄色	金、琥珀、ルビー、トパーズ	☉	成功、幸運、強さ、信頼
月	ハナワラビ、ジャスミン、オランダガラシ、ハイビスカス	シルバー、白、グレー	銀、ムーンストーン、真珠	☾	愛、幸運、加護、平和
水星	ニンジン、ネズ、ヒソップ（ヤナギハッカ）、チャービル	黄色、オレンジ色、リーフグリーン	水銀、オパール、メノウ	☿	幸運、占い、導き
金星	リンゴ、バラ、ゴマ、オリーブ	グリーン、ターコイズブルー	銅、エメラルド、ローズクォーツ	♀	愛、幸運、美、豊穣
火星	イラクサ、カラシ、ショウガ	赤、濃いオレンジ色	鉄、ルビー、ガーネット	♂	判断、強さ、力
木星	大麦、クラリセージ、スイカズラ、クローブ	青、紫	スズ、サファイア、アメジスト	♃	幸運、平和、強力、浄化
土星	アスパラガス、コンフリー、イトスギ、穀物	黒、茶色	鉛、オニキス、スモーキークォーツ	♄	幸運、知、力、成功

Image source: Alamy, Getty

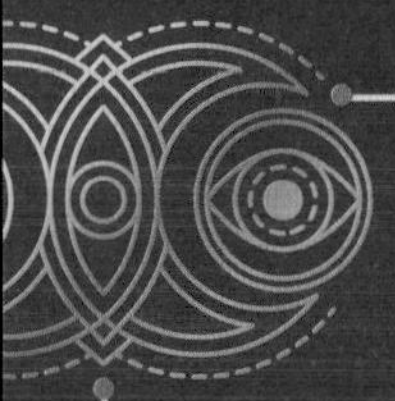

THE WHEEL OF THE YEAR
一年の輪

「呪術をかけるタイミングは重要だ。
一年の輪の八つの祝祭を理解すれば、非常に役に立つだろう」

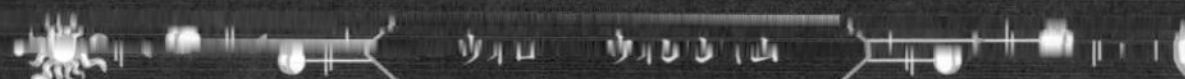

一年を、闇から光へとおわりのない旅をしてまわり続ける輪として捉える概念は、多少の差はあれ、多くの現代異教信仰における特徴だ。集団や場所ごとに違いはあるが、通常、一年の輪には季節ごとの八つの祝祭があり（四つの場合もある）、私たちを取り巻く世界の自然サイクルをことほぐ。

太陽の運行、神々の誕生、死、再生と結びついた一年の輪は、夏至、冬至、春分、秋分という太陽の自然の区分を基礎とし、「オスタラ」「リーザ」「メイボン」「ユール」の四つの祭りを通して「クォーターデイ」を祝う。夏至と冬至では、太陽がそれぞれ北半球、南半球で最も高い位置に上り、夏至では最も日が長く、冬至では最も短くなる。一方、その名称が示す通り、春分と秋分〔エキノックス〕では太陽が赤道〔エクエーター〕の真上にくる。そのため昼と夜の長さがほぼ等しくなり、春と秋の訪れを告げる。さらに「インボルク」「ベルテイン」「ルーナサ」「サウィン」の四つの祝祭は各季節の中間点に当たり、「クロスクォーターデイ」と呼ばれる。これら八つの祝祭は過去から綿々と受け継がれてきたとの主張もあるが、歴史的には特別に祝われていたわけではなく、昔の人々は私たちが現在認識しているように一年のサイクルを捉えてはいなかったようだ。たとえば、ケルト人はクロスクォーターデイを重視していたが、アングロ・サクソン人はクォーターデイを祝っていた。20世紀中頃にはロバート・グレーヴスやジェラルド・ガードナーなどの影響により、異教徒コミュニティの間で一年の輪や各祝祭が普及した。現在の祝い方は昔の人々の習慣や伝統に根ざしている。今も昔も祝祭の中心は、共同体のサバトや祝典であり、共同体あるいは個人が崇拝対象である自然、神々、精霊に供えものをして感謝を表す。単独の異教徒なら、自分のやり方でひとりでサバトを祝うだろう。適切な呪文さえ選べば、サバトは呪術をかけるのに絶好の機会だ。

適切な呪術とタイミングを選べば、一年の「タイド〔「潮流」、転じて「祭日」の意〕」は絶好の呪術の機会だ

祝宴や祭りと並び、儀式や呪文も現代の季節ごとの祝いの行事に取り入れられている。

「20世紀中頃には異教徒コミュニティの間で一年の輪や各祝祭が普及した」

Image source: Midnightbloom

現在、最も広く知られている一年の輪の祝祭の名称は、ドイツやケルトの言語に由来している。

イギリスのマン島サウス・バルールに立つホリーキング像。真夏から冬のユールの祝祭までの一年の半分の闇の力を表している。

この季節の呪術

光の回帰と新たなはじまりを祝うユールは、新たなプロジェクトやチャレンジのはじまりを祝福する呪術をかけたり、一新や改善を象徴する行動を実行したりするには理想的なタイミングだ（新年の決意という広く普及した概念も、この時期の力を利用している）。ユールは暖かく、滋養に富んだ真冬の祝祭で、子どもをはじめとする大切な人や家の加護を願う呪術に適している。太陽の回帰と長くなる日照時間を喜ぶ祝祭でもあるため、幸運や繁栄を願うにもぴったりだ。クリスマスプディングの中にコインを入れる習慣は、古くからの民間呪術の名残で、当たった人に幸運と富がもたらされる。ユールの時期に特に力を発揮するのがキャンドル呪術。鏡を使った光に関する呪術も効果的だ。

YULE
ユール

「一年のうちで最も長く暗い夜、太陽が回帰し、
日が長くなりはじめると、太陽の神々が再生する」

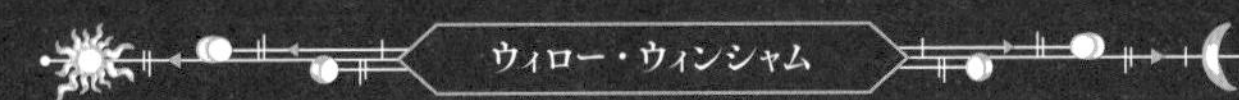

ウィロー・ウィンシャム

12月21日の真冬の祝祭は、現在ではユールとして広く知られている。ユールの起源はキリスト教よりはるか以前の新石器時代、ひょっとするとさらに昔の時代にさかのぼる。一年のうちで北極が太陽から最も遠くに位置する冬至に、ユールの祝祭が開かれる。

希望と再生の時期であるユールを境に、日は徐々に長くなっていき、太陽が回帰する。祝祭の中心は闇から現れる光であり、太陽の死と再生が関連する。多くの人は、光の回帰をもたらすオークキングが、暗い半年を司るホリーキングに取ってかわると信じている。

ユールは古代ローマにおいて12月17-23日に祝われていたサートゥルナーリア祭などの真冬の祝祭と結びついている。

後者は様々な真冬の祝祭の先駆けとも言える祭りであり、サトゥルヌスの名のもと、にぎやかな大宴会が開かれていた。社会的逆転が起こる祝祭として広く知られ、奴隷は心おきなく胸の内を語り、主人に招かれて大ごちそうを振る舞われた。またクリスマスと酷似しており、のちに多くのイメージや伝統が取り入れられ、キリスト教の祝祭が生まれた。

最も一般的なユールの伝統のひとつがユールログだ。宴もたけなわな頃、拾ってきた枝や丸太を家に運び、飾りつけて暖炉に入れてから、蒸留酒をかける。このために取っておいた前年のユールログを使い、新しいログに火を灯す。炎が燃え続ける限り、祝祭も続く。何ひとつ無駄にされず、灰でさえ野を守り、土を肥沃にするのに使われる。

ユールの祝祭では緑樹も多用され、常緑樹があちこちで装飾やシンボルに用いられる。

神の誕生と回帰など
真冬の祝祭の多くの
テーマは相似しており
太陽と象徴的に
結びついている

ヤドリギはユールとゆかりのある植物。古代ローマでは、叙事詩『アエネーイス』に描かれているように、冥界を訪ねる者を守った。

Image source: Thinkstock

赤い実と尖った葉のセイヨウヒイラギは、一年の暗い半分から光へのシフトを表している。

Image source: Thinkstock

「祝祭の中心は闇から現れる光」

IMBOLC
インボルク

「春の兆候、暗い半年のおわりを告げるインボルクの祝祭には、キャンドルやイグサが用いられ、女神ブリギッドが現れる」

ウィロー・ウィンシャム

インボルクの祝祭はゲール人が祝っていた四季の祝祭のひとつで、2月1日に春の訪れをことほぐ。春は希望、不可思議、熱意を告げる季節だ。
インボルクはよりのちの時代を起源とする祝祭とは異なり、遅くとも10世紀にはアイルランド暦の上で重要な祭りだったようだ。
同様の多くの伝統の例にもれず、インボルクもその名称の起源は定かでない。古アイルランド語で「清浄」を意味する語に由来するという説、この時期に身ごもる雌ヤギを指す「腹の中」が語源であるとの説がある。
もともと異教の女神でのちにキリスト教の聖人とされたブリギッドは、インボルクにおける重要な存在で、様々な習慣があるものの、人々を暗い半年から明るい春へと導くという概念が彼女の役割の核だ。ブリギッドは深く崇拝され、大切な客人として家に招かれ、様々にもてなされ、歓待を受け、特別なベッドで寝るよう乞われる。インボルクの前夜、ブリギッドが祝福してくれるようにと、人々はちょっとしたものを家に飾っていた。イグサやアシも重要なアイテムで、アイルランド北部では家を取り囲むブリギッドを象徴し、床に飾られたり、十字架に編まれたり、ブリギッドのためのベッド作りに使われたりした。アシで作られ布や花で飾られたブリデオグはブリギッドを表しており、アイルランドやスコットランドで親しまれている。行列ではこの人形を持って家から家へとまわり、贈りものや装飾を捧げ、ごちそうを供し、夜が更けると寝かせる。
火のもつ「清浄」という特性は重要な要素であり、キャンドルを使って一年の歩みに伴う太陽の回帰の約束を表現する。現代における異教徒のインボルクの祝祭で、ブリギッドは中心的存在であり、ゲールの冬の老婆カリアッハベーラともつながっている。時と共に、冬がおわりへと向かうインボルクの日、カリアッハベーラが木を集めて火を燃やすと考えられるようになった。インボルクの日が晴天ならたくさんの木を集められるため、冬も長くなる。天気が悪ければ、燃やす木は少ないので冬のおわりも近いということになる。現代のインボルクの祝い方は多様だ。

インボルクは聖燭祭（キャンドルマス）とつながっており、同じ時期、キリスト教は聖燭祭で母性と光を祝す

インボルクが春を告げるように、春一番に咲くマツユキソウなどの花は季節の移り変わりを知らせる。

「火のもつ『清浄』という特性は重要な要素」

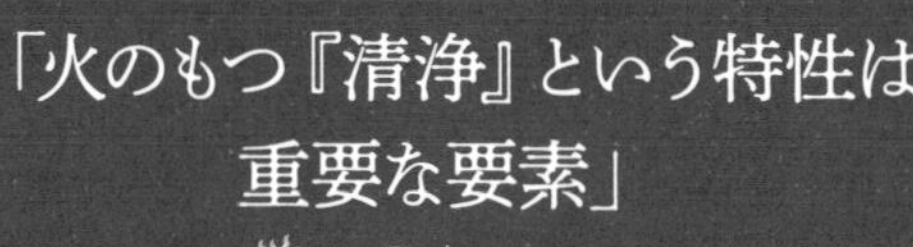

近年のインボルクの祝祭では、グリーンマンとジャックフロストが季節の覇権をめぐって争い、春が勝利を収める。

この季節の呪術

インボルクは冬のおわりを告げる祝祭であり、マツユキソウ、クロッカス、そのほかの早春の球根植物が花開く。実生活でも呪術においても、春の清浄には絶好のタイミングだ。インボルクが、古き物事を一新するヒーリングや加護の呪術に適した祝祭なのはこのためだ。ユール同様、インボルクも光の祭典で（キリスト教では同時期にインボルクと似た聖燭祭が祝われる）、キャンドル呪術が効果を発揮する一方、清めの働きをする水と大気の元素に捧げられた呪文や儀式の力も強くなる。昔ながらの魔女のほうきも登場し、望ましくないエネルギーを象徴的に払いのけ、人間や場所を儀式的に浄め、春の準備を整える。

ジョン・ダンカン《聖ブリギッド》（部分）1913 年。女神でもあり聖人でもあるブリギッドは、長い間インボルクの祝祭の中心を担ってきた。現代でも異教徒の祝祭で核となる女神だ。

この季節の呪術

春の祭りであるオスタラはある意味で、キリスト教の復活祭（イースター）と同等であり、成長、自然、一新とゆかりがある。そのため、運や祝福の呪術、とりわけ金運アップや重要プロジェクトのスタート、子作りの呪術をかけるには理想的な時期だ。昼と夜の長さが等しくなる春分に当たるので、心や体の安定を気うヒーリング呪術など、バランスに特化した呪術にも向いている。植物や花に関係する地の呪術（たとえば象徴としての種まき）はこの時期に大きな効果を発揮する。種を植えたら養分をやるのを忘れずに！

エオストレと雪ウサギの民話は、ウクライナの彩色された卵ピィーサンカとも関連があるのかもしれない。

OSTARA オスタラ

「現代ではオスタラは、古代の女神を祝い、崇拝する祭りで、復活祭の起源でもある。卵やウサギ、教父と春分にはどんなつながりがあるのだろう」

ウィロー・ウィンシャム

オスタラは春の祝祭。毎年3月19日から22日にかけて、多くの人が春分を祝う。現代異教徒が言うように、新たな門出、新しい生活、豊穣、一新といった幅広いテーマをカバーする祝祭だ。昼と夜の長さが等しくなるオスタラは、日照時間が長く明るい季節へのシフト、自然の新たなサイクルのはじまり、豊穣と新生を約束する春の乙女の祝いを告げる。現代のオスタラには、花、卵、ウサギが密接に結びついている。

この祝祭の女神と広く信じられているのが、オスタラあるいはエオストレであり、現代異教徒の祝典でも重要な役割を担っている。オスタラの最大の特徴は春をもたらすことであり、古代の夜明けの女神や豊穣の女神の起源であるとも考えられている。

オスタラは広く知られた女神だが、その起源はどこにあるのだろう。エオストレに関する唯一の歴史的言及は、7－8世紀の教父ベーダ・ヴェネラビリスの記した文書にある。彼は4月の古い呼び名であるエオストレモナトを取りあげ、同名のゲルマンの女神を祝う時期であると論じている。19世紀の民俗学者ヤーコプ・グリムはこの概念をさらにふくらませて、普及させた。彼はゲルマンのオスタラについてはじめて言及した人物であり、この女神をめぐる「最古の事柄」は彼の著作に由来する。オスタラとエオストレに関するよくある誤解のひとつに、女性ホルモン、エストロゲンの語源であるとの説、アッシリアの女神イシュタルとつながりがあるとの説が挙げられる。ウサギ、卵はかつての祝祭には登場しなかったが、グリムの著作が普及するにつれ、現代のオスタラの祝祭に組み込まれるようになった。

エオストレはインド・ヨーロッパ祖語の夜明けの女神ハウソスや、そのほかの春や太陽の神々とのつながりがあると考えられている

ベーダ・ヴェネラビリスが何らかの目的のためにエオストレを考え出したのか否かについては、現在でも議論の的だが、いずれにせよ女神は高い人気を誇っている。19世紀の話によれば、ある年、女神が遅れて春をもたらした。そのため小鳥が息絶え、ひとりの少女はひどく悲しんだ。女神は小鳥を雪ウサギに変え、魔法をかけられたウサギは虹色の卵を産んで、少女を喜ばせた。女神は少女に、毎年、雪ウサギがやってくるのを待つようにと語った。雪ウサギがやってくれば、春の到来というわけだ。

現代におけるオスタラと復活祭のいくつものつながりは、19世紀のヤーコプ・グリムの研究に由来する。

毎年何百人もの人がストーンヘンジに集まり、春分の夜明けの日の出を眺める。

Image source: Thinkstock

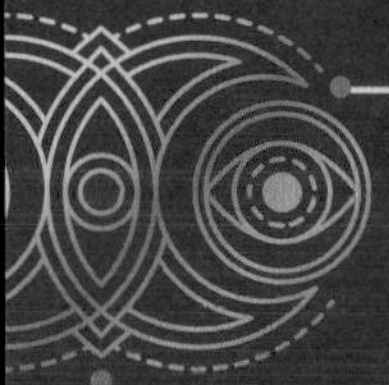

BELTANE
ベルテイン

「炎と祝宴、花と加護の儀式の中で、ベルテインの祝祭は待ち望んだ夏のはじまり、暑い季節のはじまりを告げる」

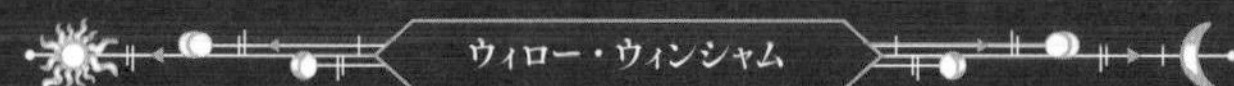

ウィロー・ウィンシャム

ベルテインは「メイデイ」とも呼ばれる、5月1日に祝われるクロスクォーターデイだ。夏のはじまりを祝し、一年の輪の中でも最も重要かつ広く祝われた。

昔も今も、炎とベルテインは切っても切り離せず、何世紀にもわたり祝祭も儀式もかがり火を中心に挙げられてきた。10世紀のアイルランドの資料に記された儀式のひとつでは、人々は加護を祈って呪文を唱えながら、家畜にかがり火の間やそのまわりを歩かせていた。かがり火のまわりを歩いたりその上を跳んだりするのは、縁起がよいことだと考えられていた。現代のベルテインでもかがり火は重要な要素であり、その上を跳ぶと幸運がもたらされると根強く信じられている。ベルテインの祝祭でもうひとつの重要な要素が宴会だ。豊穣と実り多い夏を願って精霊や神々に供えものが捧げられる。

メイイブは、イギリスの尼僧院長聖ワルブルガにちなんでヴァルプルギスの夜とも呼ばれる

ケルトの太陽神「光り輝く」ベレヌスや父なる守護神ベルは、ベルテインと結びついていると言われるが、これらの神々がいにしえの祝祭に組み込まれていたことを示す証拠はほとんど見つかっていない。「ベル」は「わずかな隔たりや変化」を意味し、「テイン」は古アイルランド語で「火」を指すとの指摘もある。

ベルテインの時期になると、窓や扉にサンザシが飾られるが、単なる装飾ではない。アオス・シ〔アイルランドの古代の人々であり、超越した存在〕やフェアリーをなだめねばならず、家の中の出入り口にも特別な加護が必要とされた。ドアのところに吊り下げられたパン生地は、牛のエサをたくさんとるための呪術だ。メイポール〔花で飾られた、何本ものリボンがついた柱〕の踊り、メイブッシュの飾りつけ〔庭や村の中心に立つサンザシの木を飾ること〕、メイクイーン〔5月の女王〕の戴冠など、広く知られた伝統行事が行われるのも、ベルテインの時期。この季節には異世界との間のベールが薄くなると言われ、メイデイやメイイブ〔前夜〕にまつわる多くの迷信や習慣が残っている。ベルテインの朝露には魔力があり、顔を洗うと輝くような艶が出るとも伝わっている。

しかし、ベルテインの人気はゆっくりと衰え、20世紀半ばを過ぎると、広く祝われることはなくなった。地域によっては文化復興が起き、新旧の伝統がベルテインの祝祭に組み込まれ、現代異教徒たちがこれを守っている。

「現代のベルテインでもかがり火は重要な要素だ」

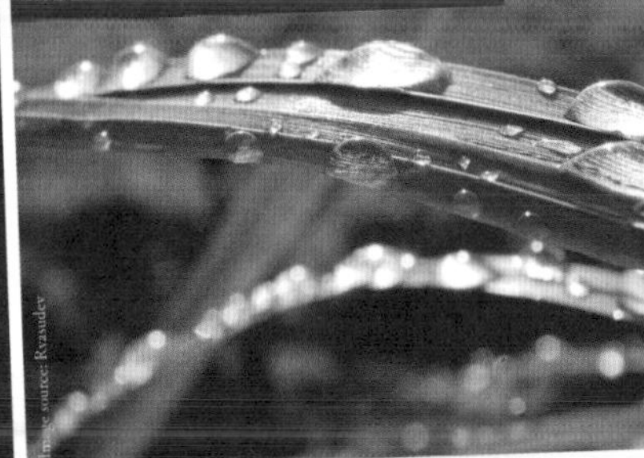

メイデイの朝に早起きすれば、朝露の魔力を手に入れられる。この朝露で顔を洗えば、生き生きとした明るい顔色になるという。

気候変動をテーマにしたエディンバラでの2019年のベルテインでは、現代世界に怒りを募らせるメイクイーンが登場した。

加護と清浄の働きがあることで知られる炎は、昔も今もベルテインの祝祭の中心的要素だ。

Image source: Alamy

Image source: Getty

この季節の呪術

ベルテインあるいはメイイブはいにしえの祝祭の中でも最も官能的な性格を備えているため、愛、美、誘惑の呪術をかけるには理想的だ。炎の祭りであるため、キャンドル呪術を使うこともあるが、強力な効果をもたらすのは何と言っても「ベルファイア」と呼ばれる聖火だ。安全にかがり火を燃やせるだけの広い庭や暖炉があれば、炎がエネルギーを最大限に高めてくれるだろう。メイポールに関連したリボン呪術を使いこなして、呪文を唱えながらカラフルなリボンを編むのもおすすめだ。ベルテインでは屋内よりも、できれば屋外(特に森)に出よう。呪術にさらなるエネルギーが加わり、勢いを増すだろう。

LITHA
リーザ

「真夏の祭りリーザでは、太陽の力や夜の征服を祝うが、
そのあとに到来する闇もほのめかされている」

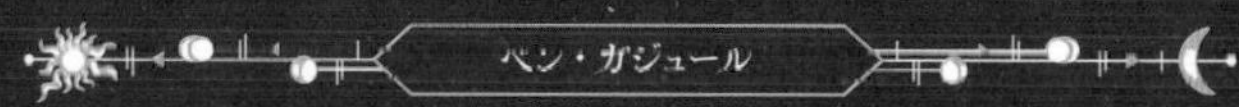

昔から夏至は一年の中心とされてきた。6月21日あるいは22日、北半球では太陽が季節の運行のおわりを迎え、昼の長さと夜の短さは頂点に達する。現代異教徒にとって、この日はリーザの祝祭であり、暗闇に勝利する光を表している。

北ヨーロッパでは、夏至に巨大なかがり火がたかれ、その炎は闇夜をさらに暗くする。火の上を無事に跳び越えられれば、翌年は息災と言われていた。その昔、人々は太陽を象徴する木輪に火を放ち、丘から湖へと転がして真夏を祝っていた。この行事は、一年で一番長い日でありながら冬の回帰を告げる夏至の二重性を反映していると考えられる。この日を境に昼は短くなっていく。キリスト教徒は、真夏の祝祭を聖ヨハネの祝日としてキリスト教暦に組み込んだ（聖ヨハネはイエス誕生の半年前に生まれたとされる）。

リーザの祝祭は、古代宗教の真夏の崇拝から現代の異教へと変化した。伝統的にこの時期、オークキングの力は最大になり、兄弟のホリーキングの力は最も弱くなると考えられていた。オークの木にカラフルな布切れを結んで、オークキングの勝利を祝うこともある。恵み豊かな夏を祝うリーザの祝祭では、ハチミツなど自然の美味を楽しむ。また浄化の季節でもあり、この先に待ち受ける危険を水の激しい力で退けることもできる。

真夏の祝祭では
最も長くなった昼を祝う
一方で、これから日が短く
なっていくことも
意識されている

リーザの祝い方は様々だが、魔力に満ちた日だと考えられていたため、呪文や儀式も多様だ。日中には陽光のもと最大の力に達したハーブを摘み、夜には炎が悪霊や闇をはらってくれる。民間伝承は、この炎のまわりで行う様々な儀式を伝えている。小石に願いを託すのもそのひとつで、炎のまわりを3回まわりながら、手に持った石に願いをささやき、炎に投げ入れると望みがかなう。リーザのかがり火の灰は冷たくなっても力があり、護符を作るのに用いられた。

真夏の祝祭には炎がたかれ、夜を遠ざけ、太陽の勢力をさらに広げる。

昔から人々はこれから到来する季節の幸運を願い、危険を冒して真夏のかがり火を跳び越えていた。

この季節の呪術

リーザは愛の呪術にふさわしい祝祭だ。燃えさかるように情熱的なベルテインとは違い、リーザはロマンスの宵。呪術をかけて、新たな恋人との関係をかためたり、今の恋人との関係に新しい風を吹き込んだりしよう。また浄化や純化の呪術にも最適な時期で、悪いエネルギーや心の重荷を払いのけ、祝福を願うのに向いている。陽光、炎、冷水、成長する花を使って、この時期の呪術にエネルギーを添えよう。

夏至は「リーザ」とも呼ばれ、異教徒はこの時期にストーンヘンジなどの古代遺跡を訪ねる。

Image source: Getty

この季節の呪術

ルーナサ（ラマス）は収穫を祝う最初の祭り。豊穣を祈願することから、この時期は祝福や幸運の呪術に最適と見なされ、金運アップや豊作を祈るようになった。ケルト文化では母性も祝うため、妊娠に関するヒーリング呪術も効果を発揮する。パン、穀物、初物の果物を使って、呪術に祝祭の豊かなエネルギーを添えよう。つらい冬は将来の計画を立てるのに適した時期でもあるため、占いの呪術やタロット占いなどのアクティビティに挑戦してみてはどうだろう。

ハブリエル・メツー《笛を吹くパン屋》（部分）166- 63年頃。初物の小麦で作ったパンは収穫の神のために聖別され、多くの儀式で使われる。

LUGHNASADH
ルーナサ

「三つの収穫祭のうち最初のルーナサ、あるいはラマスの中心にあるのは、
その年の最初に収穫された小麦と、それを使って作ったパンだ」

ベン・ガジュール

ルーナサは「ラマス」とも呼ばれ、夏と秋の中間に位置し、異教徒が祝う三大収穫祭の最初の祭りだ。この収穫祭前は初物が収穫される8月初旬（南半球では2月初旬）で、穀物の成熟を待つ糧食減少期に当たる。骨の折れる収穫作業をおえたら、恵みの祝祭のはじまりだ。

ルーナサの語源はアイルランドの神ルーにあり、ルーはアイルランドで農耕ができるよう土地を浄めていた養母タルトゥのために祭りを催したと言われる。作業をおえたタルトゥは疲れ果てて絶命し、ルーは毎年収穫初期に彼女の努力を記念することにした。ルーナサは、命、死、収穫、種まきはすべてつながったサイクルであること、今年の実りが翌年の種になることを示している。

ラマスは「ローフマス〔パンの塊〕」を語源とし、イギリスでは初物の小麦が収穫されてパンが作られる時期に当たる。その年の小麦で作った最初のパンは聖なるものとして神に捧げられた。アングロ・サクソンの儀式では、このパンを四つに切り分けて納屋の四隅に置き、残りの収穫の加護を願った。キリスト教の儀式でも重要な祝祭であり、神父がパンを聖別して象徴的な意味を付していた。

現在、ウィッカをはじめとする異教徒は、ラマスとルーナサを様々な方法で祝う。一年の輪のほかのサバトと同じくかがり火がたかれるが、この時期の炎は植物を育む太陽を表現し、収穫時期の好天を願い、感謝を捧げる。しばしば神の姿や小麦の束に似せた特別なパンが焼かれ、儀式として神を食べることで、収穫の力を祈りに取り込む。最後に収穫された小麦の茎は、コーンドール〔女神を象徴する人形〕にされていた。

ラマスの時期に威力が高まる儀式はほかにもある。1940年のこの日、ジェラルド・ガードナーをはじめとする呪術師は呪術をかけ、イギリスを覆う「円錐形の力」を取り除いてナチスの侵攻を食いとめようとした。とはいえ、呪術師たちの集会が毎回こうした高邁な目的を掲げているわけではなく、たいていはラマスの時期に集まって踊り、歌い、ごちそうを食べて実り豊かな新しい年を歓迎する。

「1940年のこの日、
ジェラルド・ガードナーを
はじめとする呪術師は呪術を
かけ、ナチスの侵攻を
食いとめようとした」

初物は、人間の重労働を通して得た母なる自然の恵みを表している。

ルーナサは女神タルトゥを記念する祝祭。

MABON
メイボン

「秋分、夜の長さは昼を超え、人々はこの先待ち受ける暗い季節への備えに追われる」

ベン・ガシュール

昼と夜の長さが等しくなる秋分は転換の時期だ。メイボンを境に夜が長くなり、季節は冬へと向かう。だが自然の恵みは続き、異教徒暦では第二収穫祭を祝う。収穫がほぼおわる秋分は変化のタイミングであり、農業労働者は契約をおえて新たな仕事探しに取りかかる。一年の残りの展開は、この特別な時期の運にかかっている。

日中にしか働けなかった私たちの祖先にとって、秋分は一年のカギとなる時期だった。日照時間が短くなるにつれ、厳しい冬に備えて食料を貯蓄しておくための時間も短くなる。多くの文化では秋分が特別な意味をもっており、この時期の太陽の上昇にあわせて造られた遺跡があちこちに残っている。現代の異教徒は、こうした場所に集まって祈る。異教徒とて季節の移り変わりと共に短くなっていく日照時間を変えることはできないが、豊穣をたたえ、春の恵みを願って祈りを捧げ、儀式を通して季節ごとの太陽の働きや成長、大地への感謝を表す。

「メイボン」の語はウェールスの大地の女神の息子、伝説のアーサー王の騎士に由来する

古代ローマ・ギリシャの異教徒は、秋分をデメテルとペルセポネの話に重ねた（ローマではケレスとプロセルピナ）。デメテルは自然界を司る豊穣の女神で、ペルセポネの母だ。ペルセポネは冥界の神にさらわれてしまい、デメテルが嘆き悲しんだためにすべての生けるものは成長をとめ、冬が到来した。そこでペルセポネは大地を救うため、半年を冥界の神ハデスと過ごし、半年を母と過ごすことと定められた。ペルセポネが生者の世界にいる時は、デメテルは満足で夏が勝利するが、秋分になるとペルセポネは冥界へと旅立つ。

一部の異教徒は秋分を「メイボン」と呼び、人生の巧緻なバランスに思いをはせる。あるいはブドウの成熟を祝って、心と体を解放するブドウ酒の力をたたえる異教徒もいる。未来を知りたければ、リンゴを水平に切ってみるとよい。ペンタグラムの形に並んだ種とそれを取り巻く果肉が象徴となって、運を教えてくれるだろう。秋分に最も近い満月は「ハーヴェベスト・ムーン［収穫の月］」と呼ばれ、特に強力だと考えられている。

「一年の残りの展開は、この特別な時期の運にかかっている」

秋分では昼と夜がそれぞれ12時間続き、太陽が真東に上り西へと沈む。

Image source: Sebastian Münster

この季節の呪術

秋分は闇が戻り、夜が長くなりはじめる時だ。しかし黒呪術に走ることはない。闇の回帰をポジティブに願う呪術としては、眠りや休息を伴う癒しの祈り、家や家族のための温かな加護の祈祷が挙げられる。メイボンは静かな夜の静ひつさや落ち着きを呼び寄せるのに絶好の時期。第二収穫祭にも当たるので、パンを作ったり穀物や季節の果物を加工したりするのに向いている。願をかけるにもよい時期だ。

メイボンは収穫の最盛期に当たり、人々は畑の恵みを享受する。

秋分は古代から特別な日とされ、現代の異教徒もスピリチュアルな力を秘めた遺跡においてこの日を祝う。

Image source: Getty

SAMHAIN
サウィン

「サウィンはハロウィンに広く取ってかわられたものの、今なお、異教徒の暦の上では最も重要な祝祭のひとつだ」

ベン・ガジュール

10月31日のサウィンは、異教徒の三大収穫祭の最後に当たり、冬が本格的に到来する、死者の日と考えられている。新石器時代の墓の中には、サウィンの日に太陽が内部を照らすように設計されたものもある。キリスト教で11月1日に祝われる万聖節は、死者にまつわる祭日で、教会の鐘の音はあの世に旅立った人々の魂をなぐさめると考えられている。
アイルランドの文献における初期の描写は、サウィンを農作業や戦のおわりと位置づけ、家族や部族が集まって冬を生き抜く時期としている。寒い夜なら、飲みものと物語を楽しむ時間はたっぷりある。だがサウィン自体は、フェアリーが境界を開き、死者が冥界から戻ってくる危険な時期だ。牛などの家畜をほふり、冬のために保存処理をする季節でもあるため、犠牲と結びつけられるようになったと考えられる。
サウィンの日、人々が畑仕事をしている間、暖炉の炎は燃えつきる。夜になり、かがり火がたかれると、悪霊は遠ざけられる。人々はこの火を持ち帰って家の暖炉に移した。大きなかがり火の煙は加護の働きをする。時にはふたつの火が燃やされ、村人や家畜がその間を通っていた。
現在でもサウィンではかがり火がたかれる。エディンバラなどの大都市では大行進が行われ、ドラムや音楽と共に人々がトーチを手に町を歩く。伝統的にサウィンの祝祭では、ドレスアップしたり変装したりし、男の子たちは家から家へとまわって木を集め、共同体の火で燃やしていた。祭りを楽しむ人々はカブやフダンソウの根を切ってランタンに仕立てて夜道を照らしたと聞けば、サウィンがのちのハロウィンに影響を及ぼしたことも納得できるだろう。現在、ハロウィンは盛んに祝われている。
現代異教徒にとって、サウィンは死者に想いをはせる時であり、祝祭でもある。ごちそうを用意して死者をもてなしたり、ソウルケーキと呼ばれるお菓子を作って、恵まれない人に贈ったり、新生児を共同体に紹介したりする時期でもある。その年の出来事についてじっくりと考え、翌年への希望を募らせるのにも適した季節だ。

異教徒はサウィンで死者に想いをはせ、生と死をことほぐ。

サウィンは生者、死者、フェアリーの領域の境がぼやける曖昧な時期。多くの墓所はサウィンの太陽の動きにあわせて設計されている。

Image source: Getty

昔からサウィンには炎と派手な演出がつきもので、古代異教徒たちは動物や精霊の格好をした。

この季節の呪術

サウィンあるいはハロウィンは、この世とあの世の境界が最も曖昧になる時期。占いにもう少しだけエネルギーを添えるには絶好のタイミングだ。古代ケルトの新年に当たるため、長患いや持病に苦しむ人にはヒーリングの呪術、エネルギーや蓄えをチャージしたい人には祝福の呪術など、刷新の呪術にも向いている。特にキャンドル呪術やそのほかの炎を使った呪術など、幸運を願う呪術が効果を発揮する。伝統的に暖炉の火は一年に2度、完全に消されてから再び灯された。サウィンはその時期のひとつに当たる（もうひとつはベルテイン）。

サウィンには
この世とあの世の境界が
揺らぐと考えられている

Practise

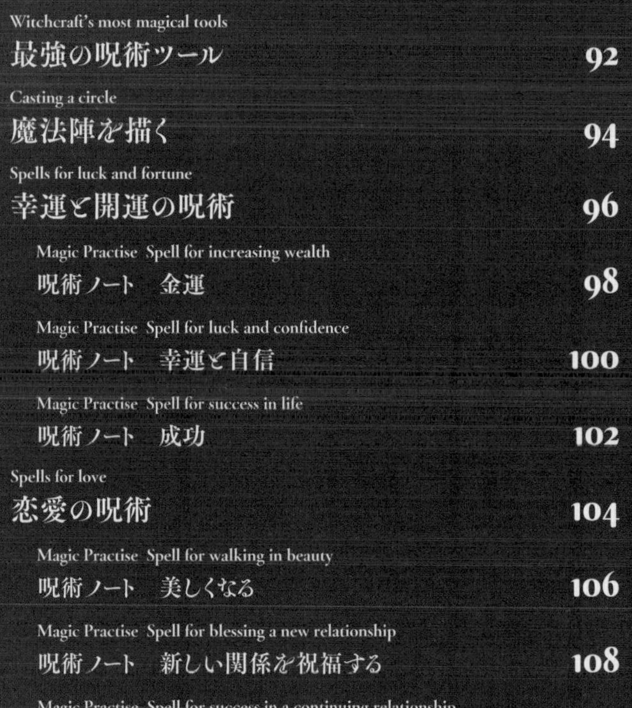

実践

呪術ノートの使い方

これから先は自分で書き込む呪術ノートをはさみながら、実践できる呪術を紹介しよう。日時やタイミングは、呪術をかける際の重要な要素だ。曜日や天候、月相のほか、一年の輪のどの祝祭に近いか、太陽はどの星座に位置しているかなど、様々な要素がどのように影響するかに注目しながら、結果や気づいたことを書き込もう。メモしながら呪術を何回も繰り返すうちに、法則を見出すことができるようになり、呪術をマスターできるはずだ。

94

ジョン・ウィリアム・ウォーターハウス《オデュッセウスに杯を差し出すキルケ》(部分)1891年。魔術を司る女神キルケは魔法の杖を掲げている。

「アセイミー」は強力な呪術のツール。魔法陣を使った呪術をかけたり精霊をコントロールしたりする際に、エネルギーを左右する。

Witchcraft's most magical tools
最強の呪術ツール

「呪術で必要とされるのは塩、水、数本のキャンドルだけ。けれども、最強の呪術ツールをあつらえる呪術師もいる」

ホグワーツでのハリー・ポッターの冒険は荒唐無稽に見えるかもしれないが、カリキュラムは現実からそう隔たってはいない。合格通知と共に送られてきた学用品リストには釜、教科書、長衣、杖などがあり、実際に魔女や呪術師たちが使うツールにかなり近い。塩、水、キャンドルしか使わない魔女もいる一方で、呪術ツールをそろえる魔女もいる。人によってどのツールが有効かは異なるので、実際に試してみて、自分にどれがあっているかを確かめよう。

自分にあったツールを見つけよう。杖やアセイミーは万人向けではない。気持ちよく使えるかどうかがポイントだ

ウィッカでは、手を使って呪術をかける魔女、杖を使う魔女の両方がいる。杖の材質は問わないが、木、金属、石が一般的で、原石やクリスタルがはめ込まれたものもある。ガードナー派ウィッカでは、杖は大気を象徴するが、火に見立てる一派もいる。

ウィッカの儀式では「アセイミー」と呼ばれる剣やナイフが多用される。これは強力なアイテムで、魔法陣の中で魔法をかけたり精霊をコントロールしたり儀式を挙げたりする際にエネルギーを左右する。たいてい黒い柄で、テーベ文字が刻まれている。ガードナー派ウィッカの提唱者ジェラルド・ガードナーは著書『影の書（Book of Shadows）』で、アセイミーについて「真の魔女の武器」と述べているが、著名なウイッカン［ウィッカのメンバー］のフレデリック・ラモンドはウィッカには武器など一切不要と主張して、彼の言葉を批判した。

おとぎ話に出てくる魔女はたいてい釜を持っているが、実際の魔女も同じだ。ウィッカでは釜は女神の子宮を表し、香をたき、オイルなどの液体を調合して、太いキャンドルを入れる。魔女は釜の中で火を灯し、この上を跳んで、豊穣の儀式を挙げたり、婚約の儀式を締めくくったりする。水を入れて「スクライング」に使うことも多い。スクライングとは、媒介物を観察してメッセージやビジョンを読み取る予言やお告げのような呪術だ。

呪術というと、ペンタグラムのシンボルを思い浮かべる人も多いだろう。ペンタグラムはウィッカのジュエリーにあしらわれることが多く、祭壇の聖別に使われるツール「ペンタクル」あるいは「パテナ（丸皿）」に刻まれることもある。ペンタクルは降霊において大地の元素を象徴すると同時に、アイテムを祝福するシンボルでもあり、その上に置かれたあらゆるものに魔的エネルギーを与える。

Image source: Getty

CASTING A CIRCLE
魔法陣を描く

「多くの呪術師は、呪術をかける前に魔法陣と呼ばれる聖なる空間を設けて身を守る」

ポピー＝ジェイ・パーマー

多くの本や映画には、腕まくりをして杖のひと振りで魔法をかける魔女が登場する。けれども、魔法をかけるには周到な準備が必要だ。多くの魔女や、儀式呪術師はまず、自分のまわりに円を描いて魔的空間を作る。魔法陣内のエネルギーは聖なる空間を形作り、魔的保護を与えると信じられている。魔法陣は日常の世界から切り離された移動可能な神殿であり、魔的な出来事が起こりやすい場なのだ。

その昔、呪術や異教を信仰する者の間では、魔法陣は呪文を唱える者と彼らが呼び出そうとする者の間に保護壁を作ると考えられていた。現代の呪術師は主に、儀式の間に生成するエネルギーを容れ、集中させるために円を描く。

魔法陣の描き方はいくつかあり、呪術師のグループごとに独自の方法がある。ポイントは、呪術をかける前に必要なものすべてを円内にそろえることで、バリアを通り抜けてしまうと（「バリア破壊」という）、魔法陣の力が弱くなったり決壊したりする危険がある。魔女や呪術師によっては、物理的な円を好む者もいる。その場合、多用されるのが、塩、水、チョーク、ひも、キャンドルだ。グリモワールや呪術の手引書には、精密な円のパターンが具体的に紹介されているが、一切装飾のない簡素な円を使う者あるいは単に円を思い浮かべるだけの呪術師もいる。

どのような円であれ、円周には必ず等距離で四つの点が記されており、物事の数を表している。たとえば四方角（東西南北）、四大元素（地、大気、水、火）、季節の暦。物理的に円が描かれる場合には、色つきキャンドルで4点が示される。

円を描くのに必要なツールはこれだけだが、杖、剣など様々なものを使う呪術師は多い。方位磁石（最近ではアプリ）があれば、円を描く際に北の方角を特定できて便利だ。円を描いたあとに出なければいけない場合は、何でもよいので円を描いた際に使ったもので、円に切り込みを入れて扉を描く（通常は東の方角に）。円から出たら、線をつなぎ直して円を閉じる。儀式のおわりには必ず円を崩し、ひと掃きすること。

ヨハン・フュースリー《魔女の場面》（部分）1785年。魔女が魔法陣の中で魔法をかけている。

Image source: Wiki

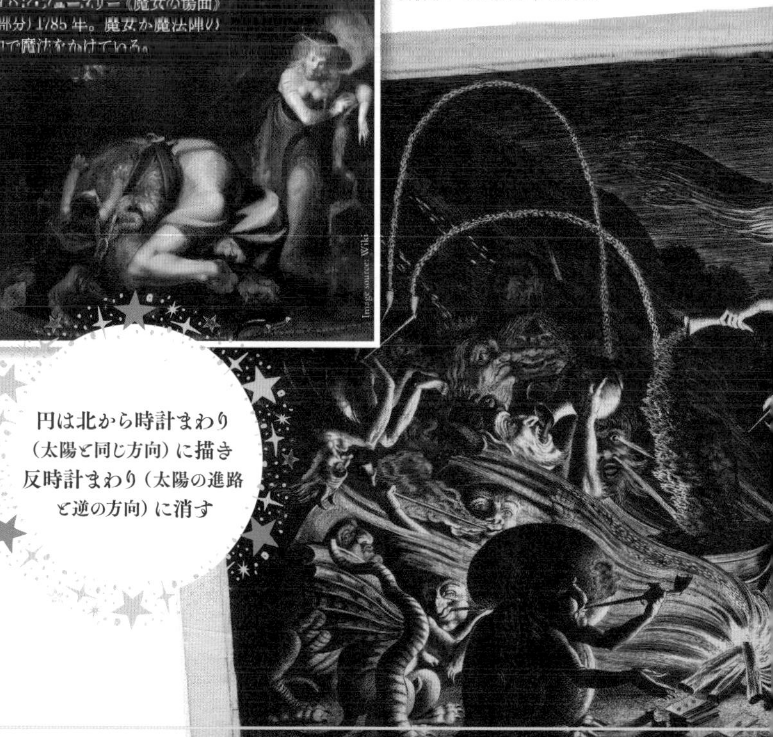

円は北から時計まわり（太陽と同じ方向）に描き反時計まわり（太陽の進路と逆の方向）に消す

「魔法陣は移動可能な神殿であり、
魔的な出来事が起こりやすい場だ」

ヤン・ファン・デ・フェルデ《魔女（ナイトピース）》1626年。この絵のように、魔法陣は床に描かれることが多い。

ジョン・ウィリアム・ウォーターハウス《魔法陣》（部分）1886年。魔法陣を描いて聖なる空間を作る魔女。

SPELLS FOR LUCK AND FORTUNE
幸運と開運の呪術

「誰もが成功を望み、太古から呪術師は多大な努力を払ってきた。だが、それは黄金を求めるように単純なものではない」

エイプリル・マッデン

お金持ちになるのに、呪術は有効だろうか。昔から多くの呪術師にとって、富こそが究極の目的だった。錬金術師たちは卑金属を貴金属に変える可能性に魅了され、卑金属、石、ガラスを金、銀、宝石のように見せる方法を知っていた（彼らは技術の対価として高額を要求したが、その見事さにもかかわらず、単なる模造宝石としてしか扱われなかった）。金運の呪術が効くかどうかは、多分に運に左右される。

呪術をかけるなら、お金持ちになるようにと願うよりも、幸運と開運を願う方が理に適っている。モノにとらわれない考え方をしよう。呪文は祈りに似ていて、私たちが求めるものは私たちの心の奥と、宇宙への意思を映し出している。「虹のふもとに黄金がありますように」と願うことはできるだろう。ひょっとしたら、本当に見つかるかもしれない。だが、あなたは本当にその黄金に値するだろうか。おそらく「ノー」だろう。少なくとも、呪術で真っ先にお金を求める人が、値するかは怪しい。何よりも、それであなたは本当に幸せだろうか。

お金よりも幸運の方が、あなたや愛する人、まわりの人を幸せにしてくれるだろう。幸運とは単なる富よりもずっと広く、豊かな概念だ。運には様々な面がある。「金運を願うこと」と「現金の山を願うこと」は違う。前者は無機質な現金を求めるのではなく、ずっと温かみがあって、安楽をもたらしてくれる上、堂々と富を願うことを意味する。そもそも、運は経済的富よりもずっとスケールが大きい。

試験や就職活動で幸運と開運を願うことは、希望する勉強や仕事に取り組む準備ができていることを意味しており、自分の求めるカルマの力が宿る下地を整える。「全般的にほんの少し運が上昇しますように」と願うことは、思いもかけない棚ぼたから土砂降りを避けることまで、「ラッキー！」と思えることすべてをカバーする。

ウィッカの考えでは、自分のため、自分の知っている誰かのため、そして世界のために呪術をかけることがベストだ。見返りを期待する前に与え、自分の価値や善意を表そう。特に「成功」や「開運」のための呪術がこれに当てはまる。まさに、「自分の運は自分で切り開く」の言葉の通りだ。

「満月」「ベルテイン」「真夏」は、成功と開運を願うのに最適な時期

「呪術をかけるなら、お金持ちになるようにと願うよりも、幸運と開運を願う方が理に適っている」

西アフリカの女神マミワタは、信者をシャーマンの旅へいざない、水中の別世界に連れていくと信じられている。連れていかれた者は、さらなる幸運を身につけて運が開ける。

Image source: Sebastian Münster

ペーテル・パウル・ルーベンス《豊穣》（部分）1630年頃。アブンダンティアは、ローマ神話の繁栄、豊穣、幸運の女神。ミトラ教では豊穣の角を持った姿で描かれることもある。

Image source: Wiki

Magic Practise
呪術ノート

Spell for...

Increasing wealth

金運

「グリーン（緑色）は成功を呼び寄せるのにとても効果的。
グリーンの服を着て、グリーンのキャンドルをたき、グリーンのクリスタルを使おう」

用意するもの

祭壇（またはテーブル）1台

キャンドル（緑）1本

コイン　3枚

小袋　1枚

シナモン　適量

ローリエ　適量

呪術のかけ方

富は多くの人の夢。しかし、この呪術の目的は、安定を確保するための金運アップだ。お金は時にストレスや羞恥心を引き起こすが、この呪術はそうした感情にも対処する。呪術をはじめる前に、用意するものを全部そろえておこう。
キャンドルを祭壇の上に置いて火を灯す。「成功への道を照らしたまえ」と呪文を唱えながら、コインを1枚炎の上に通す。残りのコインも同様に行ったら小袋に入れ、シナモンとローリエを加えてしっかりと口を閉める。袋に3回キスをして、毎回「私には必要なものすべてがある」と唱える。これを祭壇か安全な場所に置き、毎日、人生の豊かな恵みについて瞑想しよう。くれぐれもやけどしないように気をつけてほしい。

"Light my way to prosperity"
「成功への道を照らしたまえ」

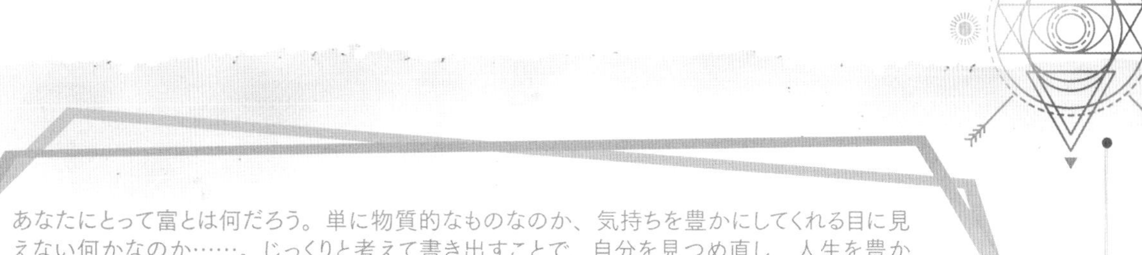

あなたにとって富とは何だろう。単に物質的なものなのか、気持ちを豊かにしてくれる目に見えない何かなのか……。じっくりと考えて書き出すことで、自分を見つめ直し、人生を豊かにしよう。

左ページの呪術を何度も繰り返して、その時の状況や感じたこと、結果を記録しよう。

日付	年　月　日 曜日	年　月　日 曜日	年　月　日 曜日	年　月　日 曜日	年　月　日 曜日
時間					
月相					
星座					
天気					
結果 気づいたこと					

Magic Practise
呪術ノート

Spell for...
Luck and confidence
幸運と自信

「グリーンアヴァンチュリンやマラカイト、
トルマリンなどのグリーンの石は、運や成功の呪術にぴったりだ」

ペグ・アロイ

用意するもの

小さな石* 1個

*おすすめはマラカイト、ラブラドライト、グリーンアヴァンチュリン。

呪術のかけ方

多くの幸運な人に共通するのが、「よいことが起こるだろう」との確信だ。映画『サウンド・オブ・ミュージック』でも、女優ジュリー・アンドリュースが「自信をもって」と歌っている。就職の面接、オーディション、昇進、試験などで幸運を呼び込むには、内側からも外側からも輝きを放つことが重要。自信の根拠のひとつとなるのが、予習などの周到な準備だ。

この呪術は、護符を作って常に身につけておくだけ。必要なのは小さな石のみ。どんな石でもよいが、マラカイト、ラブラドライト、グリーンアヴァンチュリンなら効果が大きい。面接や試験の3日前から、朝晩石に向かって「私には成功するためのスキルも自信もある。準備も自信も万端」と呪文を唱える。当日は石をポケットにしのばせて会場に向かおう。

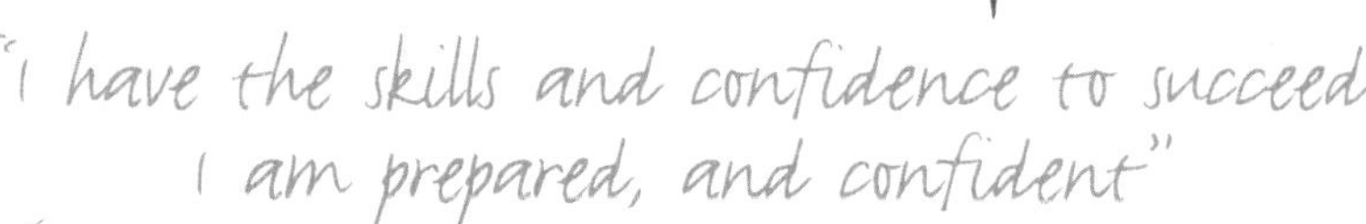

「私には成功するためのスキルも自信もある。
準備も自信も万端」

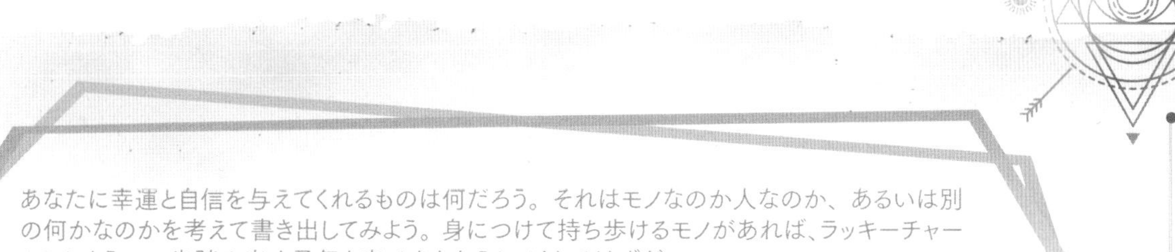

あなたに幸運と自信を与えてくれるものは何だろう。それはモノなのか人なのか、あるいは別の何かなのかを考えて書き出してみよう。身につけて持ち歩けるモノがあれば、ラッキーチャームにしよう。一歩踏み出す勇気と幸せをもたらしてくれるはずだ。

左ページの呪術を何度も繰り返して、その時の状況や感じたこと、結果を記録しよう。

日　付	年　月　日 曜日	年　月　日 曜日	年　月　日 曜日	年　月　日 曜日	年　月　日 曜日
時　間					
月　相					
星　座					
天　気					
結果 気づいたこと					

Magic Practise
呪術ノート

Spell for...
Success in life
成功

「ハーブ、希望、光、セルフケアが助けとなって
運気と成功を引き寄せられる」

ヘグ・アロイ

用意するもの

祭壇（またはテーブル）1台

セブンデイキャンドル（緑）*1本

バジル、ミント、シナモン、クローブ、ショウガ、ポピーシード、カモミールのうち3種　各適量

小鉢　1個

* 7日間かけて燃やすキャンドル。

呪術のかけ方

セブンデイキャンドルを祭壇の上に置く。小鉢にハーブ類3種を入れて混ぜあわせる。キャンドルに火を灯し、小鉢に指先を入れて目を閉じ、机で仕事や勉強をしている自分、町を歩いている自分、仕事や学校へ行く準備をしている自分など日常の自分の姿を思い描く。毎日よいことが起こると想像しながら、自分のまわりに緑の光が輝いていて、体をひたすイメージを描く。両手をこすり、指先についた香りをかぐ。これを7日間繰り返す。
キャンドルを1時間つけたまま、成功と新たなチャンスに向かって開かれた自分の姿を思い浮かべよう。

"Visualise your body bathed in green sparkling light that radiates to your surroundings"
「自分のまわりに緑の光が輝いていて、
体をひたすイメージを描く」

あなたは人生で何を成し遂げたいと思っているだろうか。目を閉じて静かに考えてみよう。思い浮かんだあなたはどんな様子だっただろう。未来のあなたの姿を言葉にして書いてみよう。

左ページの呪術を何度も繰り返して、その時の状況や感じたこと、結果を記録しよう。

日付	年　月　日 曜日	年　月　日 曜日	年　月　日 曜日	年　月　日 曜日	年　月　日 曜日
時間					
月相					
星座					
天気					
結果 気づいたこと					

SPELLS FOR LOVE
恋愛の呪術

「恋愛呪術はこの上なく魅力的な呪術のひとつだが
正しい意思をもって行わねばならない」

エイプリル・マッデン

映画『プラクティカル・マジック』には、ふたりの魔女の姉妹のもとで、ある女性が呪術に挑戦する。姉妹のうちひとりは不満だが、もうひとりは「黙ってお金をもらえばいい」と諭す。この残酷なシーンでは、女性が鳩の胸に針を突き刺して、「彼が我を失うほど私のことを好きになりますように」と叫ぶ。なぜこんなふうにおどろおどろしい儀式を挙げるのだろうか。それは、これが黒呪術だからだ。道徳的に、自分を愛してくれない人を振り向かせることはできない。できたとしても、なぜそんなことをする必要があるのだろう。強いられた愛は本当の愛ではない。
だからこそ、愛の呪術は賛否両論だ。
けれども心を開き、善意をもって正しく行えば、最高に柔和で美しい呪術が実現するだろう。恋愛呪術にはローズクォーツなどの見栄えのするクリスタルや愛らしいキャンドル、魅惑的な香や甘い香りのハーブ、果物、花を使うことが多い。肝に銘じておくべきは、恋愛呪術は決して相手をコントロールしたり所有したりしようとするのではなく、魅了して、愛情を育てることを目的としている点だ。
新しいパートナーを探しているのなら、自分を魅力的に感じられるための呪術をかけるのはありだ。この場合の呪術は、ほかの人を押しのけて自分だけ目立つのが目的ではない。催淫効果のある媚薬を調合して、長年つきあっているパートナーと夜を楽しむのもありだろう（ただし相手が同意し、食べても安全な材料を使うことが条件）。だが、知りあったばかりの人をこの媚薬で誘惑したり、一緒に使ったりするのはNGだ。ましてや、相手に媚薬の中身を知らせないまま使うなど問題外。シングルの人が新しい恋人を宇宙に願うのはありだが、いつまでも報われない恋の相手の心を求めたり、有名人や知りあいとつきあいたいと願ったりするのは、やめておいた方がいい。呪術が効かなければよいが、呪術が効いてしまったら最悪。相手は本当に自然に自分を好きになったのかと、疑心暗鬼にさいなまれてしまうかもしれない。

恋愛呪術には金曜日がベスト。金曜日はヴィーナスなど、世界各地の神話に登場する愛と美の神のための特別な曜日だ

「道徳的に、自分を愛してくれない人を
振り向かせることはできない」

ウィリアム・ブレイク・リッチモンド《ヴィーナスとアンキセス》(部分)1889 - 1890年。ヴィーナスはセクシュアルな誘惑からロマンスまで、あらゆる恋愛を司る女神の代表格。

Magic Practise

呪術ノート

Spell for...

Walking in beauty

美しくなる

「自分への愛情を表現できるよう
美の女神に頼って魅力をアップしよう」

用意するもの

祭壇（またはテーブル）1台

キャンドル（白）3本

ガラス製キャンドルホルダー　3個

正方形の色紙（ピンク、薄緑、薄青のいずれか）1枚

スカーフ　1枚

呪術のかけ方

女神ヴィーナス（アフロディテ）は、美、誘惑など愛にまつわる様々な事柄と結びついている。ここで紹介する呪術は、自分への愛情を表現するためのものであるため、ジェンダーや相手との関係にかかわらず、誰にでも実践できる。この呪術をはじめるのは金曜日がよい。正方形の色紙を祭壇に敷き、上にキャンドルをそれぞれセットしたキャンドルホルダーを置く。キャンドルに火を灯し、スカーフを肩に巻く。キャンドルのまわりを3度まわりながら、「私は愛と美の中を歩く。私は愛と女神を引き寄せる」と呪文を唱えて、日常的に目につきやすいところにスカーフをかける。7日間これを繰り返す。キャンドルに目を向けると、周囲や自分の内にある愛に気づくだろう。自分を優しくいたわったり、自分への愛情を感じたくなったら、いつでも行おう。

"I walk in love and beauty.
I attract love and goodness"

「私は愛と美の中を歩く。
私は愛と女神を引き寄せる」

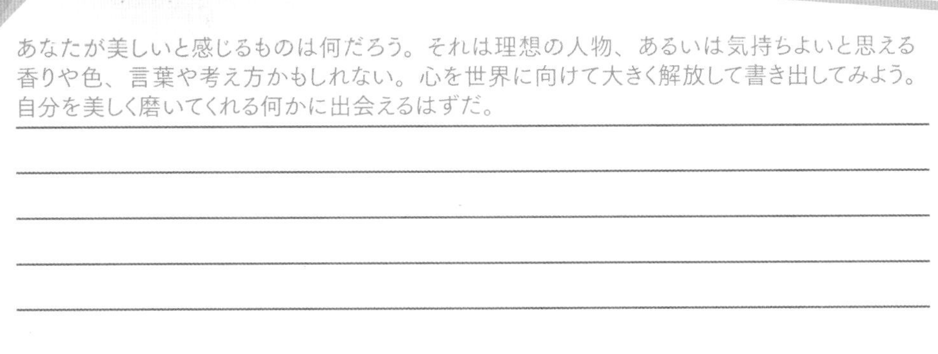

あなたが美しいと感じるものは何だろう。それは理想の人物、あるいは気持ちよいと思える香りや色、言葉や考え方かもしれない。心を世界に向けて大きく解放して書き出してみよう。自分を美しく磨いてくれる何かに出会えるはずだ。

左ページの呪術を何度も繰り返して、その時の状況や感じたこと、結果を記録しよう。

日付	年 月 日 曜日	年 月 日 曜日	年 月 日 曜日	年 月 日 曜日	年 月 日 曜日
時間					
月相					
星座					
天気					
結果 気づいたこと					

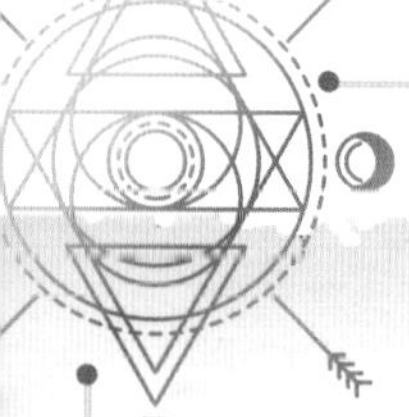

Magic Practise

呪術ノート

Spell for...

Blessing a new relationship

新しい関係を祝福する

「種をまいて、呪術の強力なシンボルと行動の芽を育てよう」

ペグ・アロイ

用意するもの

小さなキャンドル（願かけ用）1本

土の入った小鉢　1個

花（または野菜）の種　適量

水　適量

呪術のかけ方

金星（ヴィーナス）は、「愛」「家庭」「ビジネス」「クリエイティビティ」など様々な関係を司る。新しい関係を強める助けが必要なら、この呪術をかけてみよう。新月の夜、小さなキャンドルに火を灯し、土の入った小鉢に花の種をまく。上からキャンドルをかざし、「太陽に温められて、私たちのつながりが強く育ちますように」と唱える。次に小鉢に水をかけながら、「雨でかためられて、私たちのつながりが長く続きますように」と唱える。これを1週間に1度行う。

実際に芽が出てきたら、鉢か戸外に植え替えて育てよう。

"Warmed by sun, may our union grow strong"

「太陽に温められて、
私たちのつながりが強く育ちますように」

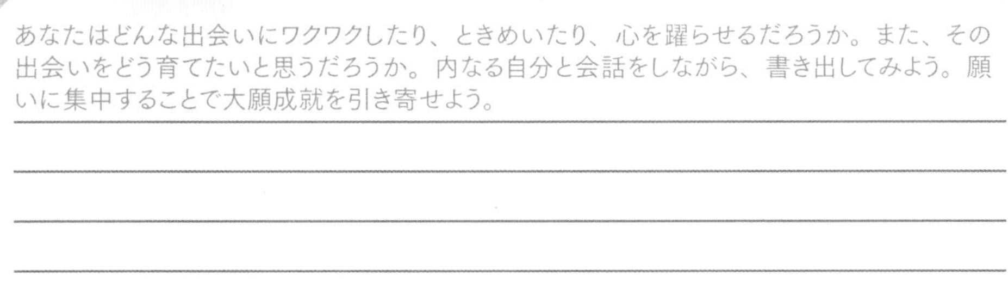

あなたはどんな出会いにワクワクしたり、ときめいたり、心を躍らせるだろうか。また、その出会いをどう育てたいと思うだろうか。内なる自分と会話をしながら、書き出してみよう。願いに集中することで大願成就を引き寄せよう。

左ページの呪術を何度も繰り返して、その時の状況や感じたこと、結果を記録しよう。

日付	年　月　日 曜日	年　月　日 曜日	年　月　日 曜日	年　月　日 曜日	年　月　日 曜日
時間					
月相					
星座					
天気					
結果 気づいたこと					

Magic Practise

呪術ノート

Spell for...

Success in a continuing relationship

関係を長続きさせる

「呪術では意思をかためるのに、ケーキとワインが用いられることが多いが
食べものと飲みものの組みあわせなら何でもよい」

ペグ・アロイ

用意するもの

祭壇（またはテーブル）1台

ワイン（またはジュース）1杯

小さなケーキ（またはビスケット）適量

呪術のかけ方

どんな関係にも、時には刺激が必要だ。呪術はカウンセリングや相談相手のかわりにはなれないが、呪術で超ポジティブな思考を人間関係に注入することはできる。

祭壇にワインと小さなケーキをセットする。ケーキを持ちあげ、「野の粒よ、私たちの関係を育てて」と呪文を唱えてからひと口食べる。そのあとグラスを持ちあげ、「ブドウの実よ、私たちの関係を祝福して」と唱えてから飲む。ケーキとワインを持って、「ケーキとワイン。私とあなた。私たちの関係が時と共に成長しますように」と呪文を唱える。

パートナーと一緒に交互に呪文を唱えるのもよいだろう。

"Cakes and wine, mine and thine,
may our union grow with time"

「ケーキとワイン。私とあなた。
私たちの関係が時と共に成長しますように」

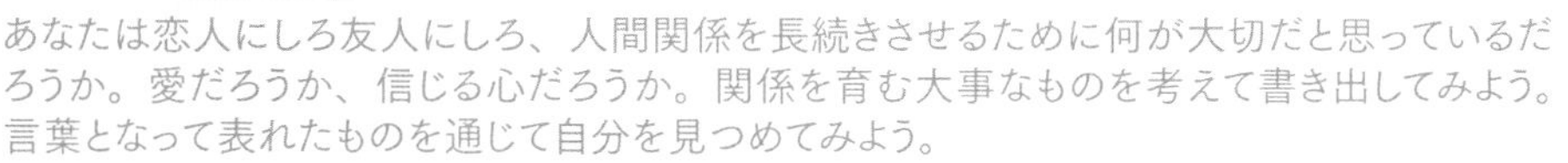

あなたは恋人にしろ友人にしろ、人間関係を長続きさせるために何が大切だと思っているだろうか。愛だろうか、信じる心だろうか。関係を育む大事なものを考えて書き出してみよう。言葉となって表れたものを通じて自分を見つめてみよう。

左ページの呪術を何度も繰り返して、その時の状況や感じたこと、結果を記録しよう。

日付	年　月　日 曜日	年　月　日 曜日	年　月　日 曜日	年　月　日 曜日	年　月　日 曜日
時間					
月相					
星座					
天気					
結果 気づいたこと					

HEALTH AND HEALING SPELLS
健康とヒーリングの呪術

「自分と自分を取り巻く世界にヒーリングを注入しよう。ただし、オーソドックスな医学もおろそかにしないこと！」

エイプリル・マッデン

呪術は医学の代用ではない。同時に、世界各地で私たちの祖先が何世紀もかけて経験を重ねながら積みあげてきた様々な発見は、無視されるべきものではない。とりわけ薬理学や医薬品化学は、呪術や錬金術の概念に多くを負っている。こうした技術の効果を支える理論があったからこそ、古代、中世、近世の施術者たちは命運を賭けたのだ。薬草や化学反応についての彼らの知識なくしては、現在利用されている重要な医薬品の多くは存在しえなかっただろう。ただし深刻な肉体的かつ精神的病を抱えている人は、呪術師ではなく医療方面の資格をもったプロに頼るべきだ。

ヒーリング呪術は、健康維持に効果的だ。エクササイズする、水分を補給する、睡眠を取る、バランスの取れた食事をする、自分にあったビタミンやミネラルを取るなど、特定のことを実行するのに、儀式は高い効果を発揮する。また咳や風邪などのちょっとした不調の対処にも向いている（プラシーボ効果もある。たとえば、呪術をかけたレモンのはちみつ漬けやハーブティーの方が、ありふれた対処法よりも有効感が高い場合もある）。ヨガ、原初音瞑想（PSM）、太極拳などの瞑想を伴う精神的かつ肉体的エクササイズも、目に見えないエネルギーがスムーズに行き渡る感覚をもたらし、心を静め、力強くしなやかに過ごせる手助けをしてくれるだろう。

ヒーリング呪術は人間専用というわけではない（ただし、ペットが不調の場合は獣医の診察を受けること。人間同様、ペットも医療を必要としている）。世界各地では何百万人もの人々が貧困に由来する疾病や、つらい症状に苦しんでいる。呪術をホリスティック医学（全体観的治療）ととらえることも可能だ。自分や大切な人のためにヒーリングを願う時には、これをより広い世界観から考える必要がある。自分と同じように癒しを必要としている人がいることを意識し、そこにもエネルギーを注ぐのだ。自分自身にヒーリング呪術をかけるのは難しい、いや不可能だと言う呪術師もいる。いくら急いで治したくても体はすでに弱っていて、呪術をかける前から、エネルギーは免疫システムを機能させるのに精いっぱいだからだ。つまり、呪術をかけるなら、健康維持と地球のヒーリングを目的にするのがベストだろう。

古来、歴史を通じて呪術は主にヒーラー、助産師、錬金術師の領域だった

「特定のことを実行するのに、儀式は高い効果を発揮する」

クエンティン・マセイス《医師パラケルスス（1493 - 1541年）と推定される肖像画》（部分）16世紀。パラケルススは、15 - 16世紀の錬金術師、物理学者、医師とも言われる人物。医薬品化学を用いて病気に対処したパイオニア的存在だ。

Image source: Wiki

Magic Practise
呪術ノート

Spell for...
Maintaining good health

健康を維持する

「リンゴの中心にあるペンタグラムの形は
人体の機能に結びついた五つの元素を表すとされる」

ヘグ・アロイ

用意するもの

祭壇（またはテーブル）1台

キャンドル（願かけ用、ピンク）1本

リンゴ　1個

呪術のかけ方

健康維持の呪術をかけることは、自分の体に耳を傾けることにつながる。まず祭壇にキャンドルを置いて火を灯し、リンゴを水平に切って、中心のペンタグラムの形が見えるようにする。次に「大気、水、火、地、スピリットの五つの元素の力により、この体が強められ、生命力に満ちますように。この心が晴れて、快活になりますように。この精神が完全なものとなりますように」と呪文を唱える。このリンゴは食べてもよい。5日間この儀式を繰り返し、毎日元素のひとつについて、自分の体との関係を念頭に置きながら瞑想しよう。

大気は肺や呼吸器系、火は心臓や消化器系、水は血液や腎臓、地は筋肉や栄養、スピリットは信念や感情と結びついている。どうしたら元素のバランスを取って健やかさを保てるのか考える機会になるだろう。

"May my body be strong and vital,
may my mind be clear and agile"

「この体が強められ、生命力に満ちますように。
この心が晴れて、快活になりますように」

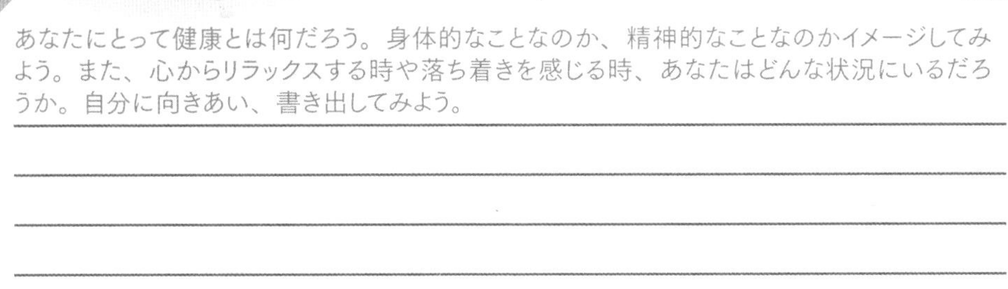

あなたにとって健康とは何だろう。身体的なことなのか、精神的なことなのかイメージしてみよう。また、心からリラックスする時や落ち着きを感じる時、あなたはどんな状況にいるだろうか。自分に向きあい、書き出してみよう。

左ページの呪術を何度も繰り返して、その時の状況や感じたこと、結果を記録しよう。

日付	年 月 日 曜日	年 月 日 曜日	年 月 日 曜日	年 月 日 曜日	年 月 日 曜日
時間					
月相					
星座					
天気					
結果 気づいたこと					

Magic Practise

呪術ノート

Spell for…

Healing a mild ailment

不調に対処する

「ヘルシーな習慣を活性化させるこの呪術に必要なのは
キャンドルとハーブティーだけだ」

用意するもの

キャンドル（願かけ用、白） 1本

ハーブティー（好みのもの）
カップ1杯

鏡 1枚

呪術のかけ方

呪術は医療の代用にはならないが、メンタル面への働きかけが、何かを乗り越えたり、なぐさめを得たりする時の助けになることはある。特にストレスに由来する不調や、体調不良が原因の睡眠、消化、免疫システムのトラブルに、この呪術は大きな効果が期待できる。

まずは、キャンドルに火を灯してリラックスする。立っていてもすわっていてもよい。鏡を見て、3度「私は完全で健康。私は健康的な習慣を実践している。私は健康に気をつけている」と呪文を唱えてハーブティーを飲む。翌日以降は、睡眠環境を整える、ハーブティーを飲む、めんどうくさがらずに手を洗う、いつもよりも長い時間新鮮な空気を吸う、ヘルシーなものを食べるなど、一日ひとつ健康的な習慣をルーティンに加えてみよう。

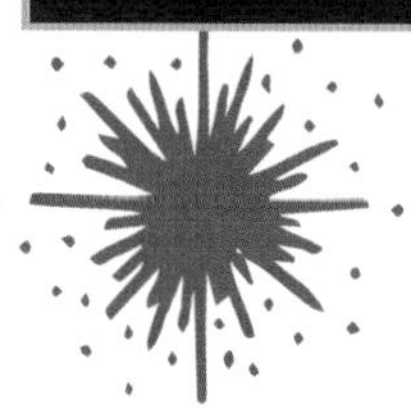

"I am whole and healthy.
I practise healthy habits"

「私は完全で健康。
私は健康的な習慣を実践している」

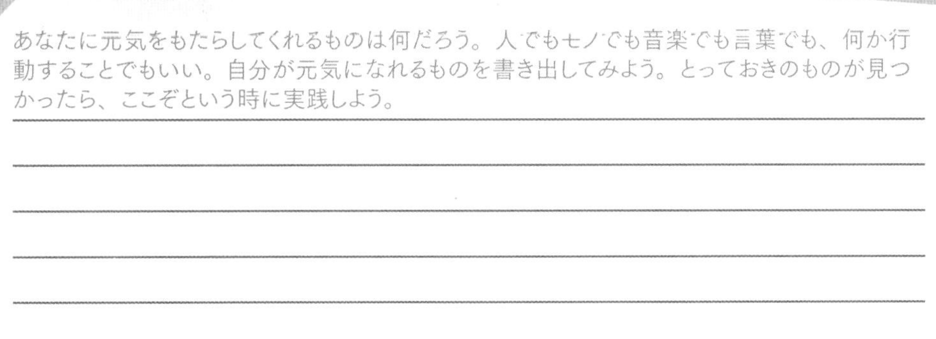

あなたに元気をもたらしてくれるものは何だろう。人でもモノでも音楽でも言葉でも、何か行動することでもいい。自分が元気になれるものを書き出してみよう。とっておきのものが見つかったら、ここぞという時に実践しよう。

左ページの呪術を何度も繰り返して、その時の状況や感じたこと、結果を記録しよう。

日付	年　月　日 曜日	年　月　日 曜日	年　月　日 曜日	年　月　日 曜日	年　月　日 曜日
時間					
月相					
星座					
天気					
結果 気づいたこと					

Magic Practise

呪術ノート

Spell for...

Healing the Earth

地球のヒーリング

「私たちはみな地球とつながっている。この呪術は、
そのことを思い出させてくれ、すべきことをなすよう語りかけてくる」

用意するもの

なし

呪術のかけ方

世界の環境や政治問題を克服するなど、不可能に思える時がある。しかし一方で、祈りと積極的な活動、呪術は一体となってポジティブな変化を起こし、私たちに共に行動するようにと語りかけてくる。
この呪術に必要なのはあなた自身だけだ。天気のよい日に外に出て、足が地にしっかりとつく場所に行こう。立っていてもすわっていてもよい。また、裸足でもよい。目を閉じて、足が地球とつながっている様子を想像し、足が木の根のように地中奥深くに達して、体と地球が切れ目なく通じているのを感じよう。地球のエネルギーを体内に取り込んで、その強固さ、強さ、太古の知恵が指先や頭頂にまで広がるのを実感すること。これをできるだけ頻繁に繰り返して、地球、コミュニティ、世界を助ける活動へと導いてくれるように祈ろう。

"Draw up the Earth's energy
into your body, feeling its solidity"

「地球のエネルギーを体内に取り込んで、
その強固さを実感する」

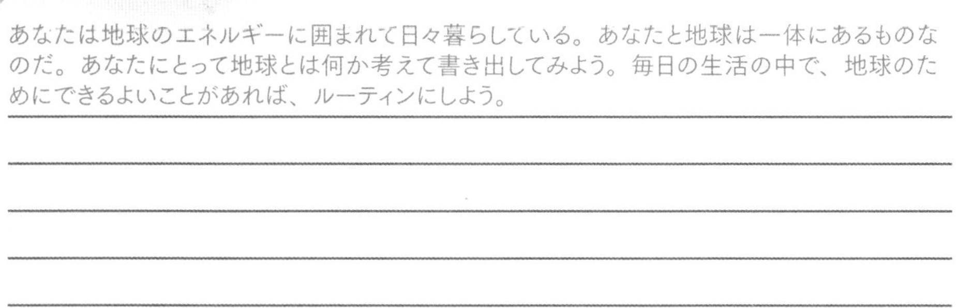

あなたは地球のエネルギーに囲まれて日々暮らしている。あなたと地球は一体にあるものなのだ。あなたにとって地球とは何か考えて書き出してみよう。毎日の生活の中で、地球のためにできるよいことがあれば、ルーティンにしよう。

左ページの呪術を何度も繰り返して、その時の状況や感じたこと、結果を記録しよう。

日付	年　月　日 曜日	年　月　日 曜日	年　月　日 曜日	年　月　日 曜日	年　月　日 曜日
時間					
月相					
星座					
天気					
結果 気づいたこと					

SPELLS FOR PROTECTION

加護の呪術

「ほんの少しだけ呪術の力を借りて、
自分自身、愛する人、家を守りなさい」

エイプリル・マッデン

おとぎ話や民話にはよく魔法の加護が登場する。魔法の加護は、英雄を守る盾などの魔法のモノの場合もあれば、アーサー王伝説に出てくる伝説の島アヴァロンのように、霧や幻覚の壁で外界から切り離された空間や場所のこともある。守護精霊の伝説も忘れてはならない。アイルランドの一部の部族の間では、オブライエン族を守る女性フェアリー、アイベルなどの守護精霊の話が語り継がれている。

呪術初心者が最初に学ぶことのひとつが、魔法陣の描き方だ。多くの呪術伝統の習得は、まず三重サークルの描き方からはじまり、初心者は呪術で三重に守られることになる。三重サークルはたいてい、ビジュアル化された光、水、塩で描かれる。初心者にとって重要なのは、瞑想や儀式中の安全で守られているという感覚だ。一重ではなく三重のサークルを用いる理由もここにある。

私たちは自分だけでなく、大切な人をも守りたいと思うだろう。そこで大きな効果を発揮するのが、お守りや護符だ。何も特別不思議なモノである必要はない。加護の呪術でおなじみのヘマタイトなど多くのクリスタルは、指輪、ブレスレット、ネックレスとして手軽な価格で売られており、さりげなく身につけられる。

加護呪術では、家を守ることも重要なポイントだ。ここでも呪術は基本的な安全対策の代用にはならないが、セキュリティに神経質な人や不安を感じている人なら、家を守る儀式を行うことできっと安心感を得られるだろう。さらにこのあと紹介する呪術（p126）なら、場を物理的に浄めることもできる。

加護呪術で最も重要なツールは塩。塩は場を浄め、ネガティブなエネルギーを吸収し、バリアを形成する。普通の食卓塩で十分だが、あちこちに塩をまいたり、数日ごとにカーペットに掃除機をかけたりするのが億劫なら、自分だけのソルトクリスタルを作って、窓の下枠に置いてはどうだろう（塩、蒸留水、消毒ずみの瓶、ひも、クリップ、棒、輪ゴムを用意。蒸留水を沸騰させて瓶に注ぎ、塩を多めに溶かす。クリップにひもを結びつけ、さらに棒に結びつけて瓶の中に垂らし、輪ゴムなどでしっかり固定する。1週間ほど忍耐強くそのままにしておけば、ひものまわりに塩が結晶化する）。あるいはおしゃれなヒマラヤ岩塩ランプを買って、家のなるべく中央に置くのもおすすめだ。

護符は呪術めいて見える必要はない ジュエリーやキーホルダーでもいい！

「加護呪術で最も重要なツールは塩」

Image sources: Getty

Magic Practise
呪術ノート

Spell for...

Self protection

自分のための加護

「ヘマタイトは、基礎作りや安心感を得るための呪術で頻繁に使われる」

用意するもの

キャンドル（青または黒）1本

ヘマタイト　1個

小袋　1枚

ドライバジル　適量

呪術のかけ方

研究によれば、自信をもって振る舞う人は、犯罪被害に遭遇する確率が低いそうだ。振る舞い方次第で、自分の強さを感じたり、安心感を得られたりすることはある。この呪術は加護のお守り作りでもある。
まず、キャンドルに火を灯し、ヘマタイトとバジルを小袋に入れる。袋を閉めながら「私は安全。私は安全に用心して振る舞う。私は意識と勇気をもって世界を移動する」と呪文を唱える。外出する時や、不安になりそうな場所に行く時には、ポケットにしのばせたり首からかけたりして、このお守りを携帯する。周囲を意識しながら、どんな問題にも立ち向かう自信をもって動く感覚をつかもう。

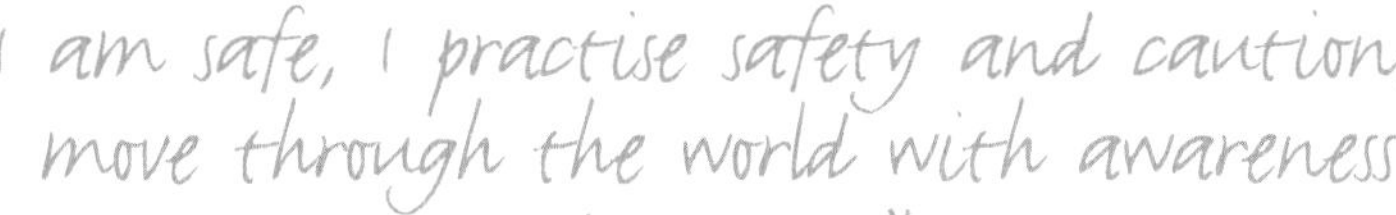

「私は安全。
私は安全に用心して振る舞う。
私は意識と勇気をもって世界を移動する」

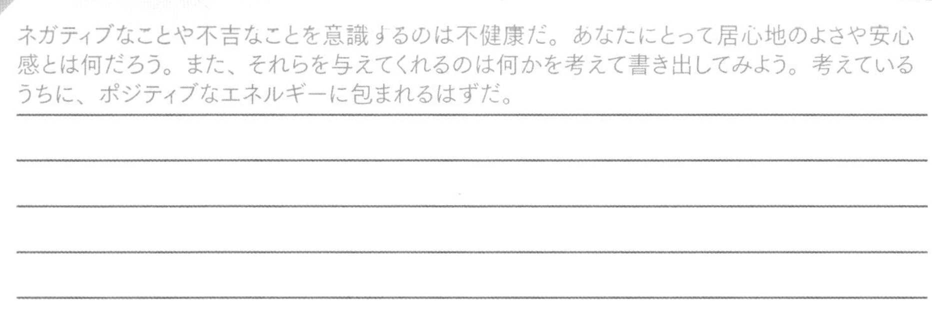

ネガティブなことや不吉なことを意識するのは不健康だ。あなたにとって居心地のよさや安心感とは何だろう。また、それらを与えてくれるのは何かを考えて書き出してみよう。考えているうちに、ポジティブなエネルギーに包まれるはずだ。

左ページの呪術を何度も繰り返して、その時の状況や感じたこと、結果を記録しよう。

日付	年 月 日 曜日	年 月 日 曜日	年 月 日 曜日	年 月 日 曜日	年 月 日 曜日
時間					
月相					
星座					
天気					
結果 気づいたこと					

Magic Practise
呪術ノート

Spell for...
Protecting others

自分以外の人のための加護

「誰もが最愛の人を守りたいと願う。
この呪術には、絶大な加護の力をもつ塩を使おう」

用意するもの

祭壇（またはテーブル）1台

キャンドル（白）1本

大切な人の写真　1枚

塩　適量

呪術のかけ方

この呪術は愛する人を祝福し、その人の安全や心地よさを可視化できる。祭壇の上に大切な人の写真を置き、その前にキャンドルを置いて火を灯す。写真のまわりに塩で円を描き、写真を見つめよう。キャンドルの光が写真を囲み、写真の人が白い加護の光に包まれている様子を想像し、「地球の輪、加護の光よ。夜も昼もあの人を守りたまえ」と呪文を唱える。

一日１度、あるいは自分の気持ちに応じて、この呪術を繰り返そう。

"Circle of earth, light of protection, keep them safe, day and night"

「地球の輪、加護の光よ。
夜も昼もあの人を守りたまえ」

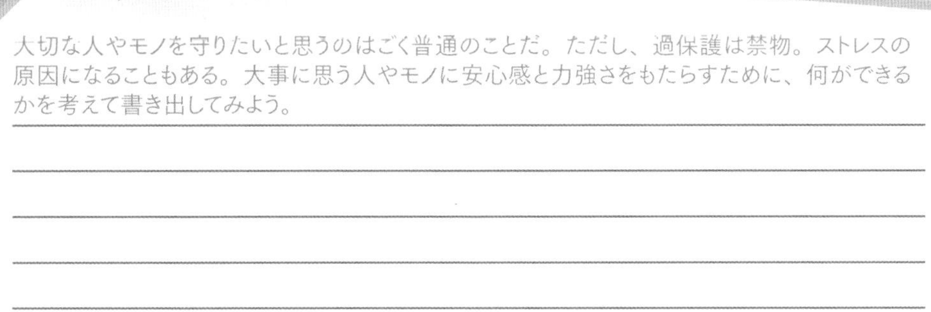

大切な人やモノを守りたいと思うのはごく普通のことだ。ただし、過保護は禁物。ストレスの原因になることもある。大事に思う人やモノに安心感と力強さをもたらすために、何ができるかを考えて書き出してみよう。

左ページの呪術を何度も繰り返して、その時の状況や感じたこと、結果を記録しよう。

日付	年　月　日 曜日	年　月　日 曜日	年　月　日 曜日	年　月　日 曜日	年　月　日 曜日
時間					
月相					
星座					
天気					
結果 気づいたこと					

Magic Practise

呪術ノート

Spell for...

Protecting the home

家の加護

「何世紀もの間、ローズマリーは浄めと加護の呪術に使われてきた」

ヘグ・アロイ

用意するもの

ドライローズマリー　適量

塩　適量

小さな鏡　数枚

小鉢　1個

呪術のかけ方

家にいても安らぎを感じられなければ、生活そのものが不安定になる。呪術は現実の安全対策の代用にはならないので、信頼できる友人からのアドバイスやドアロック交換などの必要があれば、きちんと対処し、おろそかにしないようにしよう。

この呪術は、家のまわりに加護のエネルギーを張りめぐらせる。まずはローズマリーに塩をふりかける。家の周囲を時計まわりにまわりながら、塩をふりかけたローズマリーを各角、各出入り口の横、各窓の下に置く。それぞれの角や出入り口で、「地球の力により、ここに入ろうとするすべてのネガティブなものを追放する」と呪文を唱える。そして小さな鏡を各窓の正面に1枚ずつやや上向きに置く。鏡を置く時は、「すべてのネガティブなもの、邪悪なものよ。汝はこの鏡を通り抜けられない」と呪文を唱える。

"By the power of earth, I banish all negative entities from entering here"

「地球の力により、ここに入ろうとするすべてのネガティブなものを追放する」

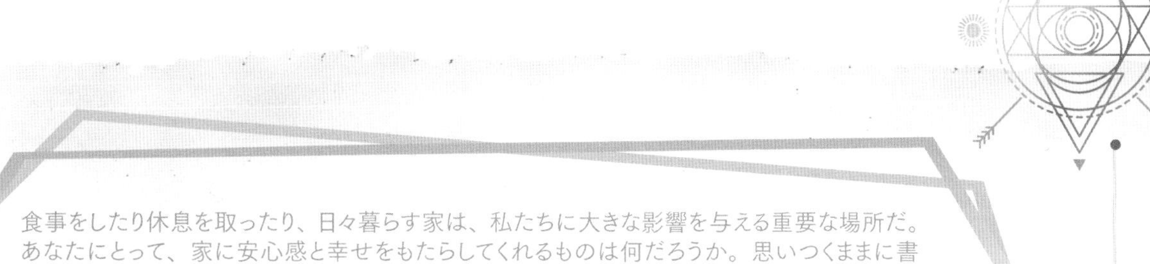

食事をしたり休息を取ったり、日々暮らす家は、私たちに大きな影響を与える重要な場所だ。あなたにとって、家に安心感と幸せをもたらしてくれるものは何だろうか。思いつくままに書き出してみよう。

左ページの呪術を何度も繰り返して、その時の状況や感じたこと、結果を記録しよう。

日付	年　月　日 曜日	年　月　日 曜日	年　月　日 曜日	年　月　日 曜日	年　月　日 曜日
時間					
月相					
星座					
天気					
結果 気づいたこと					

光の呪術史
ビジュアルと歴史から学ぶ世界の呪術

2023年10月25日　初版第1刷発行

編　者　Futurc Publishing（©Future Publishing）
発行者　西川正伸
発行所　株式会社 グラフィック社
〒102-0073 東京都千代田区九段北1-14-17
Phone: 03-3263-4318　Fax: 03-3263-5297
http://www.graphicsha.co.jp
振替：00130-6-114345

印刷・製本　株式会社シナノ

制作スタッフ
翻　訳　ダコスタ吉村花子
カバーデザイン　藤田康平（Barber）
組　版　石岡真一
校　正　菅村 薫
編　集　鶴留聖代
制作・進行　本木貴子（グラフィック社）

ISBN 978-4-7661-3772-9 C0076
Printed in Japan